体育运动

定向越野 拓展训练
DINGXIANG YUEYE
TUO ZHAN XUN LIAN

主编 张董可 孙占峰
张妍昕 郭景阳

走进**大自然**
走到**阳光下**
养成**体育锻炼**好习惯

吉林出版集团股份有限公司 全国百佳图书出版单位

图书在版编目(CIP)数据

定向越野 拓展训练 / 张董可, 孙占峰等主编.—长春: 吉林出版集团股份有限公司, 2011.5 (2024.1 重印)
ISBN 978-7-5463-5238-1

Ⅰ.①定… Ⅱ.①张… ②孙… Ⅲ.①定向运动—越野项目—青年读物②定向运动—越野项目—少年读物 Ⅳ.①G826-49

中国版本图书馆 CIP 数据核字(2011)第 081716 号

定向越野 拓展训练

主编 张董可 孙占峰 张妍昕 郭景阳
责任编辑 息望 林丽
出版发行 吉林出版集团股份有限公司
印刷 三河市同力彩印有限公司
版次 2011 年 7 月第 1 版 2024 年 1 月第 9 次印刷
开本 787mm×1092mm 1/16 印张 10 字数 100 千
地址 吉林省长春市福祉大路 5788 号 邮编 130000
电话 0431-81629968
电子邮箱 11915286@qq.com
书号 ISBN 978-7-5463-5238-1
定价 45.80 元

版权所有 翻印必究
如有印装质量问题,请寄本社退换

《体育运动》编委会

主　　任　　宛祝平

编　　委　　支二林　　方志军　　王宇峰　　王晓磊　　冯晓杰
　　　　　　田云平　　兴树森　　刘云发　　刘延军　　孙建华
　　　　　　曲跃年　　吴海宽　　张强　　　张少伟　　张铁民
　　　　　　李刚　　　李伟亮　　李志坚　　杨雨龙　　杨柏林
　　　　　　苏晓明　　邹宁　　　陈刚　　　岳言　　　郑风家
　　　　　　宫本庄　　赵权忠　　赵利明　　赵锦锦　　潘永兴

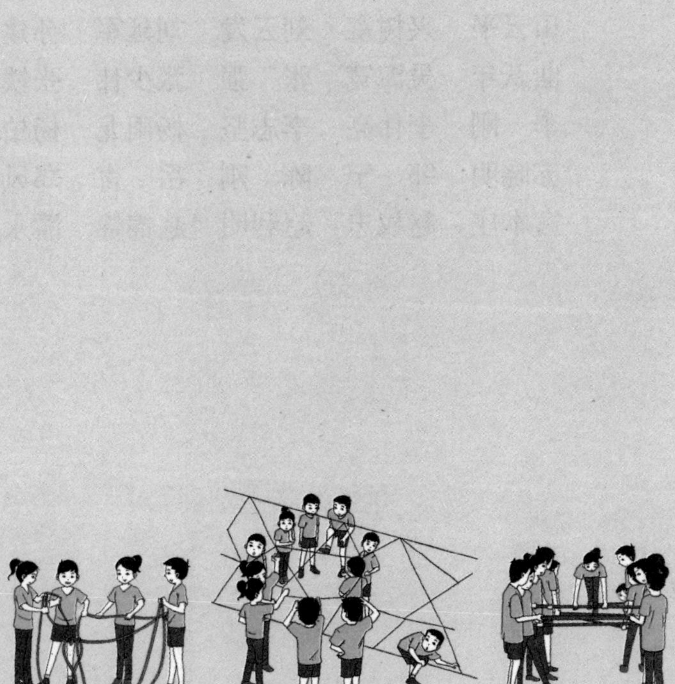

目录 CONTENTS

定向越野

第一章 运动保护
第一节 生理卫生 2
第二节 运动前准备 3
第三节 运动后放松 9
第四节 恢复养护 11

第二章 定向越野概述
第一节 起源与发展 14
第二节 特点与价值 16
第三节 国际赛事 20

第三章 定向越野场地、器材和装备
第一节 场地 24
第二节 器材 28
第三节 装备 31

第四章 定向越野基础知识
第一节 实地判定方位 36
第二节 定向与距离估算 38
第三节 影响因素 40

第五章 定向越野的基本技能
第一节 路线选择 46

1

第二节　越野跑技术……………47
　　第三节　比赛流程………………51
第六章　定向越野比赛规则
　　第一节　程序……………………58
　　第二节　裁判……………………63

拓展训练

第七章　拓展训练概述
　　第一节　起源与发展……………74
　　第二节　特点与价值……………75
第八章　拓展训练场地和装备
　　第一节　场地……………………80
　　第二节　装备……………………81
第九章　拓展训练项目
　　第一节　巧解绳结………………84
　　第二节　盲人方阵………………87
　　第三节　卧式传递………………90
　　第四节　大树与松鼠……………94
　　第五节　人浪……………………98
　　第六节　坐地起身………………101

目录 CONTENTS

第七节　快速传球..................104
第八节　连环手....................108
第九节　众志成城..................112
第十节　人椅......................116
第十一节　雷阵....................119
第十二节　电网....................124
第十三节　信任背摔................128
第十四节　求生....................133
第十五节　袋鼠跳..................137
第十六节　翻叶子..................140
第十七节　千斤顶..................144
第十八节　木人梯..................147
第十九节　空中单杠................150

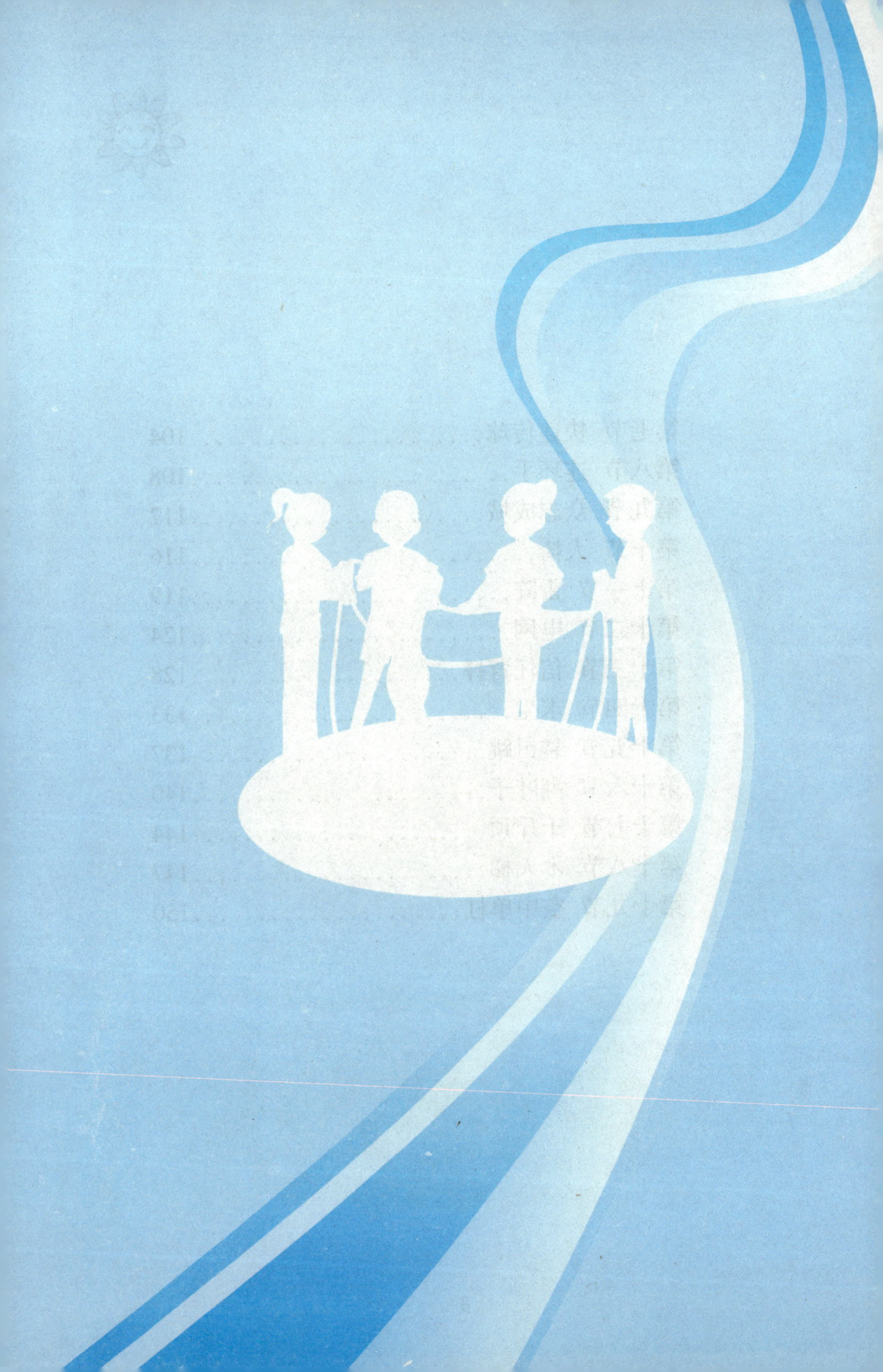

定向越野

第一章 运动保护

"生命在于运动",但是盲目、不科学的运动非但不能起到强身健体的作用,反而会给身体带来一定的伤害。只有掌握体育锻炼的一般性生理卫生知识,科学地进行体育锻炼,才能起到健身强体的作用。

第一节 生理卫生

青少年在进行体育运动时，除了应进行一般性的身体检查和必要的咨询外，还要注意培养运动兴趣和把握适当的运动强度。

一、培养运动兴趣

在进行运动前，必须培养自己对体育运动的兴趣。培养兴趣的方法有很多，如观看体育比赛，与同学、朋友进行体育比赛等。有了浓厚的兴趣，就能自觉地投入体育运动之中，从而达得理想的体育锻炼效果。

二、控制运动强度

因为青少年进行体育运动，主要是在享受体育运动的过程中增强体质，提高健康水平，而不仅是为了创造运动成绩，所以运动强度不宜过大。控制运动强度最简单的办法是测定运动时的脉搏。对青少年来说，运动时的脉搏控制在每分钟140次左右较为合适。

第二节 运动前准备

运动前的准备活动运动强度小，运动时间就应相对延长，每天活动时间以半小时以上为宜。对于刚参加体育运动的人来说，一开始活动的时间宜短不宜长，以后随着身体功能的适应，运动时间可以逐渐延长。

一、准备活动的作用

运动前进行充分的准备活动，对于青少年来说是非常重要的。一些青少年体育运动爱好者，常常不重视运动前的准备活动，导致各种运动损伤，影响运动效果，也容易失去对体育运动的兴趣，甚至造成对体育运动的畏惧。因此，青少年在进行体育运动前，必须做好充分的准备活动。

运动前做好充分的准备活动能够对肌肉、内脏器官有很大的保护作用，同时还可以提前调节运动时的心理状态。

（一）提高肌肉温度，预防运动损伤

运动前进行一定强度的准备活动，不仅可以使肌肉内的代谢过程加强，温度增高，黏滞性下降，提高肌肉的收缩和舒张速度，增强肌力，同时还可以增加肌肉、韧带的弹性和伸展性，减少由于肌肉剧烈收缩而造成的运动损伤。

(二)提高内脏器官的功能水平

内脏器官的功能特点之一就是生理惰性较大,即当活动开始、肌肉发挥最大功能水平时,内脏器官并不能立刻进入最佳活动状态。而充分的准备活动可以帮助内脏器官得到"热身",从而对其起到较好的调节和保护作用。

(三)调节心理状态

青少年进行体育锻炼不仅是身体活动,同时也是心理活动。研究证明,心理活动在体育锻炼中起着非常重要的作用。体育锻炼前的准备活动,可以起到心理调节的作用,即接通各运动中枢间的神经联系,使大脑皮层处于最佳兴奋状态。

二、如何进行准备活动

一般来说,准备活动主要应考虑内容、时间和运动量等问题。

(一)内容

准备活动可分为一般准备活动和专项准备活动。一般准备活动主要是一些全身性的身体练习,如跑步、踢腿、弯腰等。一般准备活动的作用在于提高整体的代谢水平和大脑皮层的兴奋状态,减少运动损伤的发生。专项准备活动是指与所从事的体育锻炼内容相适应的动作练习。

下面介绍一套一般准备活动操,供青少年运动前使用。这套活动操主要包括头部运动、肩部运动、扩胸运动、体侧运动、体转运动、髋部运动和踢腿运动等。

1. 头部运动

头部运动的动作方法(见图1-2-1)是:

两手叉腰,两脚左右开立,做头部向前、向后、向左、向右,以及绕环运动。

2. 肩部运动

肩部运动的动作方法(见图1-2-2)是:

手扶肩部,屈臂向前、向后绕环,以及直臂绕环。

3. 扩胸运动

扩胸运动的动作方法(见图1-2-3)是:

屈臂向后振动及直臂向后振动。

4. 体侧运动

体侧运动的动作方法(见图1-2-4)是:

两脚左右开立,一手叉腰,另一臂上举,并随上体向对侧振动。

5. 体转运动

体转运动的动作方法(见图1-2-5)是:

两脚左右开立,两臂体前屈,身体向左、向右有节奏地扭转。

6. 髋部运动

髋部运动的动作方法(见图1-2-6)是:

两脚左右开立,两手叉腰,髋关节放松,做向左、向右360°旋转。

7. 踢腿运动

踢腿运动的动作方法(见图 1-2-7)是：

两臂上举后振，同时一腿向后半步，然后两臂下摆后振，同时向前上方踢腿。

图 1-2-1

图 1-2-2

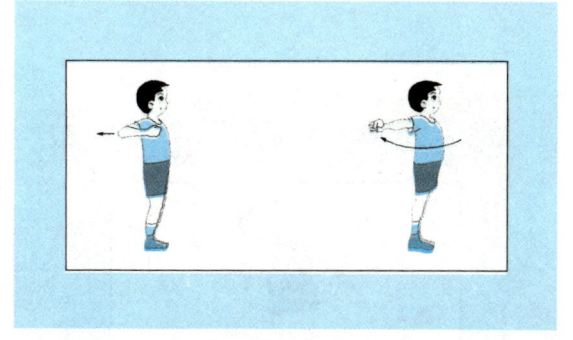

YUNDONG BAOHU 运动保护

图 1-2-3

图 1-2-4

图 1-2-5

007

图 1-2-6

图 1-2-7

(二)时间和运动量

准备活动的时间和运动量随体育锻炼的内容和量而定,由于以健身为目的的体育运动量较小,因此准备活动的量也相对较小,时间也不宜过长,否则,还未进行体育锻炼身体就疲劳了。半小时的体育锻炼,准备活动时间一般以10分钟左右为宜。

第三节 运动后放松

进行剧烈的体育运动后,有些青少年习惯坐在地上,或是直接躺下来休息,认为这样可以快速消除疲劳。其实不然,这样做的结果不仅不能尽快地恢复身体功能,反而会对身体产生不良影响,正确的做法应该是运动后做一些整理活动,放松身体。

一、运动后整理活动的必要性

运动后的整理活动不但可以避免头晕等症状,还可以有效地消除疲劳。

(一)避免头晕

人体在停止运动后，如果停下来不动，或是坐下来休息，静脉血管失去了骨骼肌的节律性收缩，血液会由于受重力作用滞留在下肢静脉血管中，导致回心血量减少，心血输出量下降，造成暂时性脑缺血，出现头晕、眼前发黑等一系列症状，严重者甚至会出现休克。为了避免这些症状的发生，整理活动是非常必要的。

(二)消除疲劳

除了避免头晕等症状的发生，运动后的整理活动还可以改善血液循环状态，达到快速消除疲劳的目的。

二、放松方法

在运动后放松时，应注意以下几个问题：

(1)做一些放松跑、放松走等形式的下肢运动，促进下肢静脉血的回流，防止体育锻炼后心血输出量的过度下降；

(2)在下肢活动后进行上肢整理活动，右臂活动后做左臂的整理活动，通过这种积极性休息，使身体功能得到尽快恢复；

(3)整理活动的量不要过大，否则整理活动又会引起新的疲劳；

(4)在进行整理活动时，应当保持心情舒畅、精神愉快。

第四节 恢复养护

  人体在运动后，除采用休息和积极性体育手段加速身体功能的恢复外，还可以根据体育运动的特点，补充不同的营养物质，以尽快消除疲劳。

  体育运动结束后，人体内会产生一种叫作乳酸的酸性物质，它的积累会造成机体的疲劳，使恢复时间延长。所以，我们在体育运动后，应多补充一些碱性食物，如蔬菜、水果等，而动物性蛋白等肉类食品偏"酸"，在运动后的当天可适当减少摄入。

第二章 定向越野概述

　　定向越野是一项健康的智慧型体育项目,是一种智力与体力并重的运动。它不仅能强健体魄,还能培养人独立思考和克服困难,以及果断决策的能力,并有助于在世界范围内建立起强大的社交网络。

第一节 起源与发展

定向越野是定向运动的主要比赛项目之一。参赛者要依靠标有若干检查点和方向线的地图并借助指北针,自己选择行进路线,依次寻找各个检查点,用最短时间完成比赛。

一、起源

定向越野源于瑞典的陆地徒步定向运动。这种定向运动最初只是一项军事活动,军人们把在山地里辨别方向、选择道路和越野行进作为军事训练的内容。后来,军人利用军用地图进行了最初的定向越野比赛。

20 世纪初,定向越野运动开始从军营走向社会。瑞典的一位童子军领袖吉兰特于 1918 年组织了一次名为"寻宝游戏"的活动,给定向越野增添了游戏的特色,这引起了人们的极大兴趣。

1919 年 3 月 25 日,一次影响深远的定向越野比赛在斯德哥尔摩南部的丛林中举行,参赛人数达 217 人。这场比赛的组织模式与规格,标志着定向越野作为一项独立的体育项目从此诞生。

二、发展

(一)国际定向越野运动

20世纪30年代,定向越野在瑞典、挪威、芬兰和丹麦等国有了较好的发展。

1932年,第1届世界定向越野锦标赛举行,参赛国主要是北欧国家。

在随后的30年间,英国、美国、加拿大、澳大利亚、法国、德国、日本等国相继引进了这项运动,定向越野运动在西方国家得到蓬勃的发展。

1961年5月,国际定向运动联合会(IOF)在丹麦首都哥本哈根成立,并确定了正式的比赛项目,制定了一系列的比赛规则与技术规范,这标志着定向越野运动进入了崭新的发展时期。

全世界目前有400多万名定向运动爱好者。在西方,各地都有专门用于定向越野的区域,不少国家甚至将定向越野列入学校课程之中。

瑞典是最热衷于定向越野的国家之一,定向越野已成为许多瑞典人的一种休闲方式。在全国800多万人口中,定向越野运动爱好者高达150万人。国内有700多个定向越野运动俱乐部,每年组织1000多场定向越野运动比赛,每次参赛人数都是成千上万,最多时高达4万多人。瑞典国王是最权威的支持者,众多政界要人、商业巨头、媒体名人都成为定向越野运动的积极参与者。所有瑞典学校的学生和军人都必须学习定向越野运动,并将它列为一门必修课程。

现在，定向越野比赛也成为国际大学生体育联合会的一个正式比赛项目。

(二)中国定向越野运动

目前，定向越野运动在我国已粗具规模，并且呈现出强劲的发展势头。

1992年7月，国际定向运动联合会批准中国以"中国定向运动委员会"的名义加入该组织，中国成为正式会员国。

1995年，"中国定向运动委员会"正式更名为"中国定向运动协会"，简称"中国定协"。

中国定向运动协会积极推动定向越野运动在国内的发展，每年在全国范围内组织"全国定向运动锦标赛"和"全国城市定向运动系列赛"。赛事的组织工作与国际惯例接轨，裁判规则与技术标准完全按照国际定向运动联合会(IOF)颁布的规范实施。

第二节 特点与价值

定向越野是一项户外运动，它集竞技性与游戏性于一体，在益智、健身等方面具有独特的价值，所以能风靡世界，得到人们的普遍喜爱和参与。

一、特点

定向越野的特点是多方面的，如游戏性、竞技性、群众性和实用性等。

(一)游戏性

定向越野的游戏性是非常明显的。从它发展初期——瑞典童子军的"寻宝游戏"，直至现代各式各样的定向越野比赛，都带有很浓厚的游戏色彩。

(二)竞技性

定向越野可以进行各种类型的比赛，其竞技性特点十分突出。它的竞争的激烈性刺激着人们对这项运动的向往和追求，他们积极投身到这项运动的训练和比赛中来，乐此不疲。

(三)群众性

定向越野的参加对象十分广泛，国外有关报道称，参加定向越野比赛年龄最小者仅有8岁，最长者则为80岁。由此可见，定向越野是一项群众性体育项目。

(四)实用性

定向越野最早是军队的一种训练形式,而现代定向越野不仅可以作为军事训练的内容,还可以作为学校体育教学的内容,具有很强的实用性。

二、价值

定向越野是一项综合性的体育运动项目,具有多方面的价值。

(一)强身健体

定向越野作为一项体育运动,对人体最突出、最直接的作用就是强身健体、增强体质。

经常参加定向越野运动的人,走、跑、跳跃、越过障碍等能力,以及耐力、速度、力量、柔韧性、灵敏性等身体素质将会逐步提高,对自然环境的适应能力和对疾病的抵抗能力将得到不断增强。

(二)增长知识,锻炼思维

定向越野不仅是一种身体活动,也是一种智力活动,有助于参赛者增长知识、锻炼思维。

定向越野比赛是在未知或陌生的地点(区域)进行的,这可以使参赛者增长相关学科如地理学、测绘学、军事地形学和植物学的基本知识,并增强在实践中应用这些知识的能力,从而使思维能力和快速应变能力得到提高。

(三)培养品质

定向越野在环境、条件和比赛方法上具有特殊性,在培养道德品质方面具有独特的价值。

定向越野比赛中,参赛者在判定方向、选择行进路线和寻找每一个点标时,来不得半点虚假和丝毫投机取巧,只有发扬坚定、细致和诚实等品质才有可能完成任务并夺取胜利。当遇到困难时,要有百倍的信心和勇气去克服;当体力不支时,要咬紧牙关,不断地鼓励自己,奋力拼搏,坚持到底。

(四)调节身心

定向越野是一项户外运动。人们可以利用节假日到野外参加定向越野比赛,从繁忙的日常学习和工作中获得暂时的解脱,这

样可以消除大脑疲劳，调节身心，有利于以全新的状态投入日后的工作和学习中。

(五)促进交流，增加友谊

定向越野比赛中，参赛者相互激励，彼此交流经验，可以达到相互学习、共同提高、建立良好人际关系的目的。

第三节 国际赛事

定向越野在国际上有以下一些大型赛事：

1. 世界定向越野锦标赛

世界上水平最高、最权威的传统定向越野比赛，1966年开始每两年举行1次，2004年起每年举行1次。

2. 世界青年定向越野锦标赛

由19～20岁青年男女参加，1986年开始非正式比赛，1990年开始正式比赛。

3. 世界大师定向越野锦标赛

由35岁以上运动员参加，分35～39岁组、40～44岁组、45～49岁组、50岁以上组等组别，1983年开始非正式比赛，1998年开始正式比赛，现在每年举行1次。

4.定向越野世界杯赛

每年在世界各地巡回举行,给小国家提供了组织世界大赛的机会。

5.定向越野积分赛(排位赛)

为确定参加定向越野世锦赛人选而设,每年举行 1 次。

第三章 定向越野场地、器材和装备

参加任何体育运动都必须有基本的场地、器材和装备。良好的运动装备可以使参赛者更好地发挥运动技能，并使他们在运动中更加安全。

第一节 场地

定向越野对场地的要求十分严格，比赛场地必须按照要求进行精确选址和准确测量。

一、比赛区域和地形

(一)比赛区域

比赛区域的要求是：
(1)比赛区域不应具有使本地参赛者获益的自然特点；
(2)比赛区域应保密，并应在当次比赛前尽可能长的时间内未用于定向运动，以免有人因熟悉地形而获益；
(3)举办过定向运动比赛的场地，3年内不得再用于全国性比赛。

(二)比赛地形

地形是地物和地貌的总称。地物是指地面上的固定物体，如居民地、建筑物、道路、河流、树木等。地貌是指地面的高低起伏状态，如山地、丘陵、平地、洼地等。由于地形对定向越野比赛的难易程度和用时长短有较大的影响，因此要根据比赛需要选择地形，具体要求为：

（1）要有与比赛的等级相适应的难度，并保证它能够使参赛者充分发挥自己的定向越野技能；

（2）下列地区不适宜组织定向越野比赛：地形变化少，行进参照物少，道路网密集，高密度森林，高差大的单面山坡，建筑群与大型湖泊区，不能通行的悬崖、峭壁及沼泽地，以及自然保护区等。

二、起点和终点

定向越野比赛的起点和终点的要求为：

（1）起点和终点最好设置在同一处，这样能方便比赛的组织工作；

（2）起点和终点一般设在地势平坦且面积足够大（与比赛规模相适应）的开阔地上；

（3）作为终点通道的地段，要有足够的长度，以便让裁判人员与观众能看清楚跑回来的参赛者。

二、比赛线路

（一）路线设计

路线设计应充分体现公平、公正原则，以及定向运动的性质。具体要求为：

（1）比赛路线的设计应能同时考验参赛者定向和奔跑两种技能；

（2）路线设计应避开苗圃、播种地、有作物的田地、铁道、汽车道和标有"不准入内"的区域；

（3）比赛路线的设计难度应与参赛者的技能水平相适应；

（4）设计路线时，应注意设置具有可选性的路段，迫使参赛者利用地图判断地形并由此做出抉择；

（5）路线设计应尽量避免参赛者之间有互相参照的可能性。

（二）路线距离

定向越野比赛路线通常按环形设计。比赛路线的距离一般要根据参赛者的水平和比赛时间确定，这个距离只是个相对准确的数字，因为它是按从起点经各检查点至终点的图上最短水平距离计算的。在小型比赛中，路线长度的设计应参考下列完成时间：

（1）高级比赛的完成时间为 40 分钟以上（4～6 千米）、60 分钟以下（6～8 千米）；

（2）初级比赛的完成时间为 30 分钟以上（2～3 千米）、50 分钟以下（4～5 千米）。

（三）路线图示

比赛路线图示方法为：

（1）起点用等边三角形（边长 7 毫米），检查点用圆圈（直径 5～6 毫米），终点用两个同心圆（直径分别为 5 和 7 毫米）表示；

（2）一般最后一个检查点至终点为必经路线，必经路线用虚线表示；

（3）三角形或圆圈的中心点表示某地物的准确位置，但中心不

必绘出；

（4）检查点要按规定顺序编号，编号数字应以不压盖图上重要目标为宜；

（5）除必经路线外，起点到检查点及检查点之间按编号顺序用直线连接，如遇有重要目标又不能避开时，连线应断开或画得更细些；

（6）比赛路线、起点、检查点、终点符号和检查点编号一律用红紫色套印绘制。

（四）检查点

1. 检查点说明

寻找检查点的顺序由比赛组织者规定并监督执行，参赛者应遵守该规定。检查点间的距离以 500~1000 米为宜。

检查点说明的作用是具体描述地图上表示的检查点位置。检查点说明应用专门的符号表示，也可用文字说明。检查点说明表应在比赛前随地图一同发给参赛者。国际性比赛应使用国际定联指定的《检查点说明符号》。检查点说明表随图发放，也可在比赛前一天发给参赛者。

2. 检查点标志

每个检查点应安放检查点标志（简称点标），具体要求如下：

（1）检查点标志由三面标志旗围成三棱体，每面标志旗的尺寸为 30 厘米×30 厘米，沿正方形的对角线分开，左上部为白色，右下部为橙红色；

（2）夜间定向检查点应有光源；

（3）检查点标志应有一个代号，代号用一个拼音字母或两位数字表示；

（4）数字从 31 开始选用，字母或数字为黑色，字高为 6～10 厘米，笔画粗 6～10 毫米；

（5）检查点标志的设置应使参赛者在寻找时具有一定的难度，但无需隐藏；

（6）每个检查点备有打印器，各个打印器的图案不得重复。

第二节 器材

参加定向越野比赛时，需要使用很多对比赛有帮助的器材，如地图、指北针等等。

一、地图

地图是开展定向越野必备的器材，在进行一般性的定向越野运动时使用普通地图即可。但在举行正式定向越野赛事时，必须使用正规的定向运动地图（见图 3-2-1）。

图 3-2-1

二、指北针

指北针是定向越野必备的器材之一。在定向越野中使用的指北针一般分为两类：基板式和拇指式（见图 3-2-2）。

图 3-2-2

三、点标旗和打卡器

(一)点标旗(见图 3-2-3)

在实际地形中,点标旗标示着参赛者应该找到的点的位置。

图 3-2-3

(二)打卡器(见图 3-2-4)

打卡器位于点标旗旁,记录参赛者是否到访。

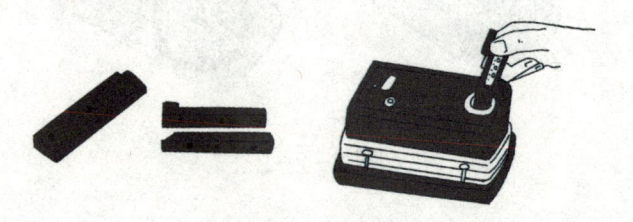

图 3-2-4

四、检查卡片

检查卡片最迟应在开赛前 10 分钟发给参赛者。在检查点处参赛者使用该点的打印器，在卡片的相应空格内打上清楚的标记。检查卡片在终点处交还。若标记打错了位置，应在另一个格子中打上正确标记，并由裁判员决定是否有效。若参赛者丢失检查卡片，将被取消比赛资格。

检查卡片用耐用的卡片纸制成，大小不得超过 10 厘米×21 厘米。检查卡片上的内容也可印在定向越野地图图廓外空白处，以取代检查卡片。

第三节 装备

定向越野对装备的要求很高，根据比赛区域特点的差异，装备的选择也不尽相同。

一、服装

如果参加野外定向越野运动，为了自身的安全，最好选择专业的定向运动服装，这将对参赛者顺利完成比赛起到积极的作用（见图 3-3-1）。

图 3-3-1

二、鞋

选择一双轻便舒适的运动鞋对参赛者是至关重要的（见图 3-3-2）。

图 3-3-2

三、号码布

号码布是参赛者的身份凭证。参赛者要佩戴号码布进入比赛出发区进行检录,在比赛过程中,必须自始至终佩戴号码布(见图3-3-3)。

图 3-3-3

第四章 定向越野基础知识

定向越野是一项利用地图和指北针，快速寻找目标的智力与体力相结合的运动项目。掌握相关的地图知识和指北针的使用方法，是参加定向越野运动的基础，也是取得优异成绩的基本保证。

第一节 实地判定方位

实地判定方位是指在实地辨明东、西、南、北方向。了解实地的方位是使用地图的前提。

一、利用指北针判定方位

将指北针放平,待磁针完全静止后,磁针的红色一端即 N 端为北面,蓝色一端即 S 端为南面。如果测定方位的人面向北面,则他的左为西,右为东,背后为南。

如果想测某一点的方位时,可将罗盘上的零刻度对准目标,当罗盘水平静止后,N 端所指的刻度便是测量点至目标的方位,如磁针 N 端指向 36°,则表示目标在测量位置的偏东 36°。

二、利用地物判定方位

在野外,凡见到有地物或植物生长的地方,同样可以根据日常生活习惯和自然客观规律产生的现象进行方位判定。如在地球的北半球,我们居住的房屋或用于朝拜的庙宇大门通常都朝南开设;树木一般朝南的一侧枝叶茂盛,色泽鲜艳,树皮光滑,向北的一侧则相反;长在石头上的青苔喜阴湿,北面一侧长得旺;积雪多半是朝南的一面先融化等。

三、利用太阳和手表判定方位

　　天气晴朗时,在上午 9 时至下午 4 时之间,可将手表指示的时间折半后,用时针对准太阳,此时手表上的 12 时刻度即指向北方(见图 4-1-1)。口诀是:"时间折半对太阳,12 字头对北方。"但是要注意:一是将手表平置,二是在南、北纬 20°30′之间地区的中午前后不宜使用,三是要把标准时间换算为当地时间。

图 4-1-1

第二节 定向与距离估算

在定向越野运动的过程中,需要参赛者进行正确的定向和准确的距离估算。做好这两点,是定向越野参赛者取得好成绩的关键所在。

一、确定行进方向

以最快的速度寻找目标点是参加定向越野比赛所追求的目标。要想获得成功,最重要的就是要正确定向、快速行进。在比赛中参赛者要认真地阅读地图、正确地使用指北针。注意永远不要失去与地图、指北针的联系。利用指北针确定磁方位角,并沿磁方位角方向行进,是确定目标点方向、快速到达目标点的捷径,具体方法(见图 4-2-1)是:

(1)将指北针直尺边切于目标方向线,指北针上的方向尖头指向所要到达的位置;

(2)把指北针和地图作为一个整体水平放置在面前,转动身体,使指北针上的红色指针的指向与地图所示的磁北线方向一致;

(3)指北针上方向尖头所指的方向即为所要前进的方向。

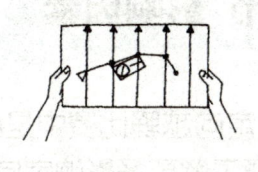

寻找方位　　　　　　　转动身体，调整前进方向

图 4-2-1

二、估算距离

确立了行进的方向，还必须结合地图进行目标点距离的判断和已跑过的实际距离的估算，这样才能快速而准确地到达目的地。

利用比例尺换算地图上的距离和实际距离。在实际比赛中，临场进行换算就要耽误时间，因此必须熟悉几种常用的长度单位与相应实地水平距离的对应关系。例如在比例尺为 1∶10 000 的地图上，1 毫米相当于 10 米，而在 1∶15 000 的地图上，1 毫米相当于 15 米。

第三节 影响因素

路线在定向越野比赛中是必不可少的因素。为了更好地参加比赛,就需要了解更多影响定向越野比赛的因素。

一、基本因素

1. 工作人员

工作人员应该具有一定的经验,应该能够独立或合作完成以下工作:

(1)选择场地,测绘地图,设计路线;
(2)赛前赛后的召集与宣传工作;
(3)赛前准确及时地布置检查点和起(终)点;
(4)对新参加人员的教学讲解;
(5)稳妥正确地主持起(终)点的全部程序。

2. 地形条件

地形条件既不能单调,也不能过于复杂,否则就不能体现定向越野的特性,甚至还会引发其他一系列大大小小的问题。

3. 地图标准

凡地图符合 IOF 标准的,高手一般会赢;地图不符合 IOF 标准的,无法保障比赛过程的安全、顺利,新手也许会侥幸获胜。

二、路线因素

1. 路线总长度、爬高量

比赛路线的总长度、爬高量是预计参赛人体力消耗的主要参数。

2. 检查点数量

检查点数量多,比赛就困难些,用时长;检查点数量少,比赛就容易些,用时短。

3. 点的位置选择

初级比赛的检查点运用基本定向技术就能找到,高级比赛的检查点需要运用高级的定向技术才能找到。

4. 人员分组

参赛人员在技术、体能、参赛目的等方面差异很大时,分组设计应该适合他们的技能和体能情况。

5. 比赛时间

比赛时间要保证80%以上的参赛者能够完成比赛。只有进行过仔细、严格的现场路线勘探和试赛,并掌握参赛人员的各方面情况之后,才有可能准确测算出合适的比赛时间。

三、气候和天气因素

1. 季节

植被会因季节变化而变化,参赛者的技术、体力、心态也会随之受到影响。在某些地理环境中,这种变化有增大运动伤害的可能性。

2. 气温

路线的难度（长度、点数）要随着气温的改变而改变。比如，同一个参赛者，在春暖花开的春季可以顺利完成 10 千米的赛程，但在炎热的夏季，也许只能勉强完成 8 千米的赛程。

3. 天气

天气干燥时，容易发生山火，参赛者在任何时间都应小心，如发现前路有山火，应迅速远离火场；如发现前路远处有山火，不要冒险尝试继续行进，以免为山火所困。天气阴潮时，道路湿滑，为避免滑倒，参赛者要减慢行进速度。

四、参赛者因素

1. 初次参赛者

对初次参赛者的教学、讲解要浅显易懂、简单明确。必须把关键的、直接影响初次参赛者安全与成绩的问题讲解透彻。识图用图是关键，比赛规则要清楚，比赛常识不能漏。并且申明，在野外就有发生意外的可能，必须量力而行和多加小心。

2. 心态

在商业性、娱乐性的定向活动中，必须正面引导参赛者的心态，使活动氛围融洽、和谐。

五、奖惩因素

1. 奖励问题

奖励应包括物质奖励和精神奖励,但不要设立得过高。

2. 判罚、处理尺度

规则虽然是铁律,必须严格执行并要一视同仁、贯彻始终,但是也有不得不"严教轻罚"的时候,比如,在赛事标准不高、组织工作有缺陷、使用不良或落后的设备、器材的赛事中,需要对判罚和处理标准进行适当的变通。

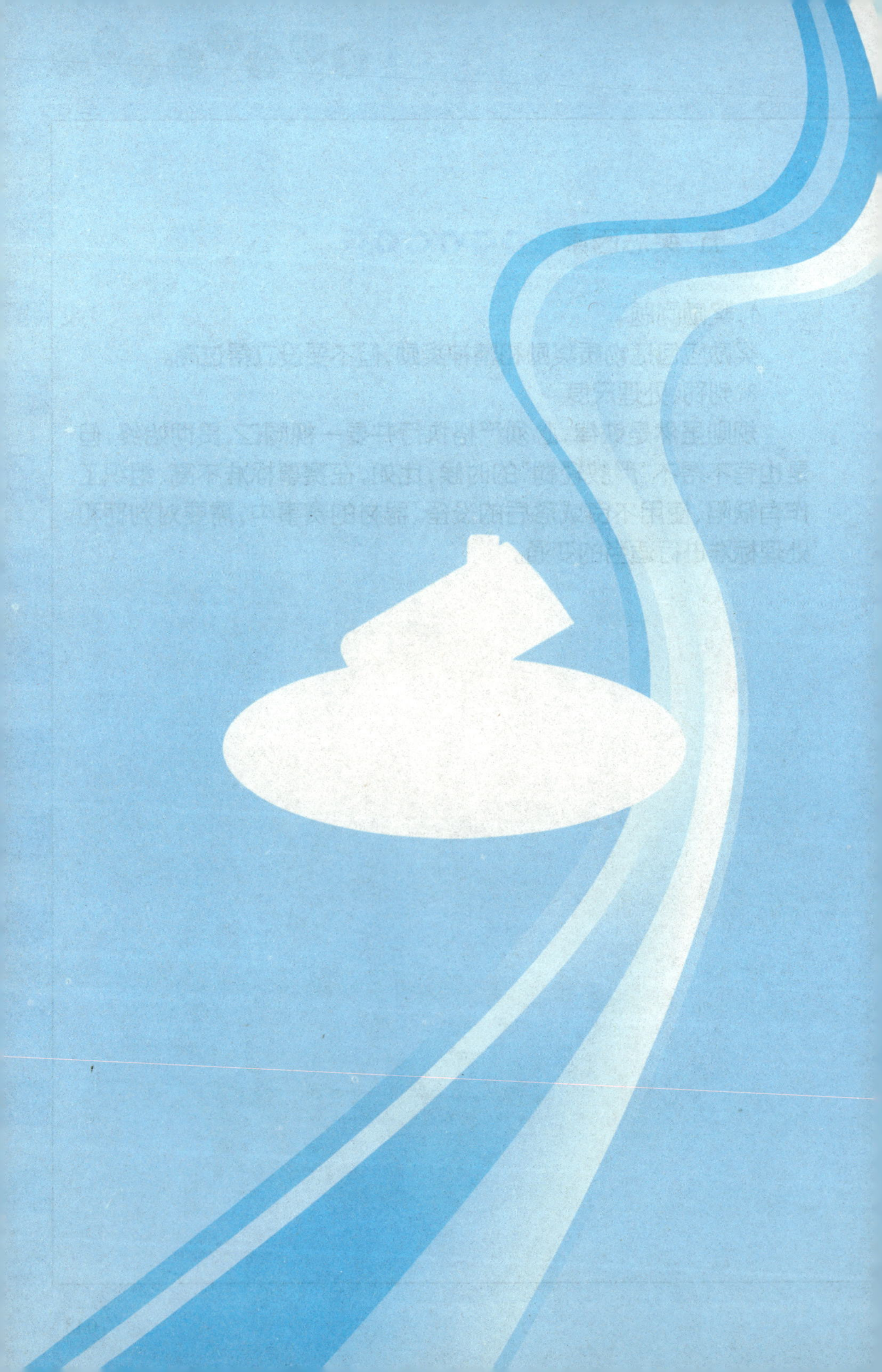

第五章 定向越野的基本技能

在定向越野比赛中,基本技术的发挥、技能技巧的应用和战略战术的运用情况,是参赛者能力的体现,也是比赛能否获得成功的关键。

第一节 路线选择

定向越野对于路线选择的要求很高,路线选择的合理与否是决定比赛能否顺利进行的关键。因此,应正确进行路线选择,准确测量相关数据。

一、标准

通常选择路线的标准是:
(1)省体力;
(2)省时间;
(3)最稳妥;
(4)最能发挥自己的特长;
(5)尽量不失误或减少重大失误;
(6)顺利完成赛程并最终夺取胜利。

二、原则

充分利用道路,坚持"有路不越野"的原则。如图 5-1-1 所示,从起点到第一个点标,如果直线跑需要翻越一座山峰,路线虽短,需翻山,费力;如果沿着小路行进到一岔口左转弯至小路的交汇处寻找点标,路线虽长一点,但不需要翻山,省力。

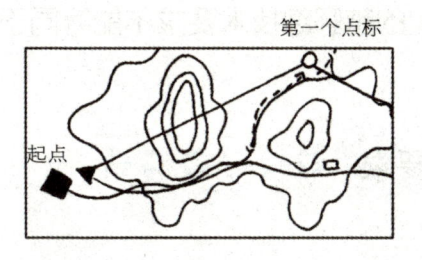

图 5-1-1

第二节 越野跑技术

能否掌握越野跑的技术也是决定定向越野成绩优劣的重要因素之一。要想在比赛中既能保持高速度、长距离的奔跑,又能避免一切可能发生的危险并取得好成绩,就需要掌握较好的越野跑技术。

一、特点

定向越野中的越野跑实际上是一种长距离的间歇跑。由于在途中常常需要停下来看图和辨别方向,在崎岖的道路上不可能始终保持均匀的跑速。所以,它总是表现出走、跑、停相交替的间歇跑的特点。在野外环境中,这种奔跑的形式可以使身体肌肉的紧张与放松、身体的负荷与精神的专注不断交替进行,使参赛者的全身,

特别是呼吸系统与心血管系统都得到较好的锻炼。也正因为这一特点，定向越野中的越野跑技术要求不能等同于一般长跑的技术要求。

二、基本要求

(一)跑步姿势

跑步姿势的基本要求是：
(1)上体保持正直或略向前倾，身体各部分(包括头、颈、躯干、臂、臀、腿、足等)的动作要协调配合；
(2)要善于利用跑步中产生的支撑反作用力和惯性，这一点在山地和丘陵地带尤为重要；
(3)时刻调整上体的姿势，使身体保持平稳，从而提高奔跑的速度。

(二)呼吸

呼吸的基本要求是：
(1)最好用鼻子和半张开的嘴共同呼吸；
(2)野外风大，尘土多，要学会用舌尖顶住上颚呼吸；
(3)呼吸时要保持自然、平稳、有节奏；
(4)当出现生理"极点"现象时，应及时调整呼吸的频率与深度。

(三)体力分配

可以按选择路段、比赛阶段、自身体能状况等情况确定体力的分配。通过运动阶段(运动肌肉紧张)和休息阶段(运动肌肉放松)适时交替的方法,达到既快又省力的目的。

(四)行进速度

一般来讲越野跑的速度不宜过快,过快或在途中加速太猛不仅会影响体力的正常发挥,而且还会严重地影响判断力。当地形有利(如参照物多,道路平坦)时,才可适当加速。

(五)行进节奏

最适宜的行进节奏是每分钟 79～90 步,过快的节奏不适宜,过慢则会降低行进速度。有节奏的动作不仅能减少体能的消耗,还能达到最适当的动作协调程度。

(六)距离感

在越野跑中保持一定的距离感是必要的。它不仅可以帮助提高找点标的速度,也有利于体力的计划与分配。参赛者可以通过测量自己的步长或参考有关数据进行距离感的训练。

(七)间歇方式

一般来说,在间歇时采用放松性的慢跑比走好,走又比停下来好,无特殊情况时不要坐下。

三、不同地形越野跑技术

越野跑时,由于跑的地点和环境在不断变化,因此跑的技术也要因条件的改变而随之变化。下面介绍几种在常见地形上的越野跑技术:

(1)沿道路跑时,采用与中、长距离跑基本相同的技术,并尽量在路面平坦的地方跑,这时可采用加速奔跑形式;

(2)过草地时,用全脚掌着地,同时注意前下方,这样可以看清地面,以免陷入坑洼或踩在石头上;

(3)上坡时,上体应前倾,大腿高抬一些,并用前脚掌着地,小步跑上去,遇到较陡的斜坡可改用走步的方法或用"之"字形跑(走)法,必要时可用单手或双手辅助攀登;

(4)下坡时,上体应略后倾,并以全脚掌或脚跟着地的方法进行,遇到较陡的下坡或地面很滑的斜坡,可用侧脚掌着地,甚至采用蹲状并用手在体后牵拉(草、树)、撑(地)方式行进,到达下坡的末端(一般8～10米),可顺坡势疾跑至平地;

(5)从略高的地方(1.5米以下)往下跳时,可用跨步跳的动作,即踏在高处的腿(支撑腿)必须弯曲并用力蹬地,另一腿则向前下方伸出跳下,两脚着地并以深屈膝来缓和冲击的力量,在落地时,两脚应稍微前后分开,以便继续往前跑;

（6）从很高的地方往下跳时，应设法降低下跳的高差，根据情况采用屈膝深蹲，或坐地双手撑跳下，或侧身单手撑跳下的方法，特别注意落地时要两腿用力、屈膝深蹲；

（7）穿树林奔跑时，注意不要被树枝、树叶、藤蔓等刮伤，特别要防止被树枝戳伤眼睛，此时一般应用一手或两手随时护住脸部；

（8）过障碍物遇到小的沟渠、土坑、矮的灌木丛或倒伏树木时，要提高跑速，大步跨跳而过，在落地的同时，上体略向前倾，以便保护腰部及便于继续前跑；

（9）在通过较宽（2.5～4米）的沟渠时，需用15～25米的加速跑，采用大跨步跳和跳远的方法越过，应注意做好落地动作，防止后倒；

（10）遇到大的倒伏树木或其他低矮障碍物，可以用踏过它们的方法越过；

（11）遇到较高的障碍物（不超过2米），如矮围栏、土墙等，可用正面助跑蹲跳和一手或双手支撑的方法翻越；

（12）通过独木桥等狭窄悬空的障碍物时，应采取使脚掌外转呈"八"字形的跑法，如果这类障碍物很长，就不要跑，而应平稳地走过。

第三节 比赛流程

定向越野是一项极其复杂的运动，要求参赛者必须具备较高的技能熟知能力。因此，参赛者必须熟悉比赛的流程，以便取得更好的成绩。

一、出发

(一)赛前准备

赛前准备工作主要包括以下几个方面:
(1)认真阅读有关比赛的规程、补充通知和注意事项,它们通常会提供给你有关该次比赛的一些重要信息;
(2)赛前保持良好的竞技状态;
(3)准备比赛装备,如指北针、指卡(许多赛事赛前才发放)和运动服装等;
(4)了解如何正确使用电子打卡系统。

(二)比赛当日事项

在比赛当日,应提前前往比赛场地。在集合地点报到注册之后,将得到号码布、指卡等物品(一般会在赛前发给参赛者)。这时需要做的事情主要有:
(1)如果比赛另有补充规定或通知,应及时了解;
(2)按规定时间准时检录;
(3)检查指卡;
(4)按规定方式佩戴号码布或其他标志;
(5)开始做热身、准备活动。

(三)起点事项

1. 出发前 3 分钟

通常在出发前 3 分钟进入待发区,同时将指卡打"清除"卡座,清除指卡的信息。此时还要考虑以下问题:

(1)哪边是北;

(2)观察周围较大的地物特征,想象这些地物特征在地图上可能的表现形式;

(3)想象一下自己安全到访第一个检查点的全过程。

2. 出发前 2 分钟事项

当进入 2 分钟待发区时,将指卡打"核查"卡座,确认指卡已经清除,如发现未清除,要重新进行清除。

3. 出发前 1 分钟事项

当离出发还剩最后 1 分钟时,进入最前面的区域等待,最后 10 秒钟发令器会提示。

4. 比赛开始时事项

当听到发令声后,将指卡插入"启动"卡座,同时拿起比赛地图,比赛正式开始,但还要注意以下两点:

(1)确认地图、点标说明符号表、指北针、指卡和号码布(如是正式比赛一定要佩戴),一样不少;

(2)确认拿到的地图是正确的,包括组别是否正确、地图是否完整等。

二、行进

出发后，比赛正式开始，这时要根据具体情况充分展示自己的定向技能。在比赛中要注意以下几点：

（1）由于地图比例尺的原因，在找第一个检查点时可能会不适应（跑不到或跑过头），应当通过找第一个检查点来建立距离感，这对整个比赛很重要；

（2）当到达检查点进行打卡时，必须确认所打的卡座编号同自己的号码相符，并确认打卡成功后方能离开；

（3）如果在比赛中漏打点，成绩将是无效成绩，但在比赛过程中发现漏打检查点，并进行重打，再按规定顺序找完检查点，此成绩则为有效成绩，例如在比赛中打完1、2点后直接打了4号检查点，少打了3号点，发现后重新去打了3号然后打4号，因此打卡顺序为1-2-4-3-4-5，成绩有效，如打卡顺序为1-2-4-3-5，则成绩无效；

（4）如因特殊原因要退出比赛，可以通知周边的裁判员或工作人员，或者直接返回终点，但是为了让组织者能有效地控制整个赛事的顺利进行，退出比赛后必须到终点进行打卡。

三、到达终点

当找完所有的检查点奔向终点时，比赛并未完成，还需要做以下几件事：

（1）在冲过终点线时必须打"终止"卡座终止比赛时间，否则成

绩将视为无效，另外还要交还比赛地图；

（2）将指卡插入与打印机相连的卡座，然后得到一张比赛的成绩单，这张成绩单不仅反映了比赛时间，还会对分析赛事的路线和提高定向技能起到重要的作用；

（3）最后一定要在主站打卡，只有这样，指卡数据才会被输入电脑进行成绩统计和排名，否则在总成绩单里不会出现参赛者的名字和成绩；

（4）做适当的整理活动，这会对参赛者的身体恢复起到积极的作用；

（5）获得名次后，参加颁奖仪式。

第六章 定向越野比赛规则

定向越野比赛的顺利进行,不仅需要主办者的良好组织、运动员的积极参与,还要有完整的规章制度和规则来制约运动员和裁判员。

第一节 程序

由于定向越野运动的复杂性，其比赛程序也很复杂，按照程序进行比赛，是比赛取得成功的重要条件。

一、比赛项目

1. 个人赛

运动员单个比赛，成绩取决于个人技能。

2. 团体赛

运动队的成绩为全队运动员个人成绩（时间、名次或得分）的总和，同时也可以计个人成绩。

3. 多日比赛

在多日比赛中，运动员的个人成绩是每日比赛成绩（时间、名次或得分）的总和。

4. 接力赛

接力队应有3名或3名以上运动员，每名运动员像个人赛一样跑完一个赛程。

5. 小组赛

每组有2名或2名以上运动员，运动员一同或部分分散完成比赛。

二、参赛办法

1. 注册

如果想参加正式的定向越野比赛，在赛前必须按照有关要求办理注册手续，否则将无法获得参赛资格。具体办法可参照教育部体卫艺司颁布的《全国学生运动员注册条例（试行）》和国家体育总局航管中心的《跳伞、定向、航空模型、航海模型、车辆模型运动员注册管理实施细则》。如果仅参加一般的定向越野赛事，无须进行注册。

2. 报名

如果是学校定向越野代表队成员，那么教练会为其办理报名的一切手续。如果仅是一名定向越野爱好者，那就需要自己注意有关定向赛事的比赛规程（或通知）。在较为正式的比赛规程（或通知）上，通常会公布以下内容：

（1）比赛的名称、项目、分组；

（2）时间（年、月、日）；

（3）比赛性质（选拔赛、公开赛或锦标赛）；

（4）地形特点；

（5）比赛办法；

（6）报到时间、比赛开始时间；

（7）出发形式及编排方式；

（8）有关比赛费用问题；

（9）报名办法、截止时间；

（10）注意事项。

三、出发

1. 顺序编排

(1) 出发顺序在赛前由裁判员组织各队教练员抽签决定；

(2) 出发的安排应使同一个单位的运动员尽可能分开；

(3) 出发顺序表确定后不得更改；

(4) 出发时间表应在赛前公布。

2. 要求

(1) 除有关裁判人员外，任何人不得进入运动员等候区，所有运动员至少有 30 分钟的时间做准备活动；

(2) 出发前 2~3 分钟，运动员在出发点领取各自的地图；

(3) 选择的出发地点应使运动员在出发前看不到前几名运动员所选择的行进路线；

(4) 应使已到达终点的运动员无法与待出发的运动员取得联系；

(5) 起点处悬挂起点横幅，上面写有"起点"字样；

(6) 运动员分批出发，每批次出发间隔为 2~3 分钟；

(7) 如果运动员由于个人原因迟到，且下一批次运动员尚未出发，可在到达起点时立即出发，但计时仍以出发表上的出发时间为准；

(8) 如果由于主办方的原因，运动员错过出发时间，则应重新确定出发时间。

四、终点

1. 终点线设置

（1）通向终点的跑道，应用两条带彩旗的绳子引导，并向终点线逐渐收拢，绳长 50～100 米；

（2）终点线宽 3 米，应与终点跑道方向垂直；

（3）终点横幅长 5 米，宽 0.9 米，上面写有"终点"字样，设置在终点线的正上方 2.5 米高处，使运动员在远处就能看见终点线的位置。

2. 通过终点线

（1）通过终点线后，运动员应上交检查卡片，如主办者需要，还应交还地图；

（2）通过终点线的运动员，不得再次进入比赛区。

3. 终点计时

（1）以运动员胸部越过终点线时间为结束时间；

（2）计时准确到整秒，秒以下小数点四舍五入；

（3）记录时间可用时、分、秒，也可用分、秒表示。

4. 名次排列

（1）依据运动员完成全赛程的时间先后，排列名次；

（2）如有两名以上的运动员取得相同的成绩，则他们名次并列，空出下一名次，在成绩单上排在同一位置，但姓名的前后顺序按出发表的顺序排列。

5. 团体成绩

团体成绩以比赛中各队队员的成绩相加评定。当各队参赛人员较多时，应事先确定参加团体赛的队员的人数和名单。

6. 接力赛成绩

接力赛中，比赛名次取决于各队最后一名运动员到达终点的顺序。

7. 终点关闭

最后一批运动员出发后，预计完成全赛程所需时间的1.5～2倍为终点关闭时间。关闭时间由组委会规定并在比赛开始前通告运动员。

五、接力赛

接力赛每个队由3名或3名以上同一级别或混合级别的运动员组成。每个接力队的运动员均应按预先确定好的顺序，一个接一个地完成一段个人路线。比赛成绩取决于全队所用的总时间。

（1）运动员的交接应在赛段终点线后的一段有限距离内以触手的方式完成；

（2）一个队所跑的全部路线必须与另一个队是同等的，但构成总路线的每段顺序可有所不同；

（3）个人比赛的规则对接力赛的各个赛段比赛同样有效。

第二节 裁判

正确的裁判是比赛公平、公正的基本保障,了解裁判的相关知识,能够使观众更全面、更深入地欣赏比赛,同时又能使运动员游刃有余地进行比赛。

一、比赛参加者

1. 运动员

凡符合比赛规程要求的运动员均可以参加比赛。运动员的义务和权利有:

(1)熟悉并遵守定向越野的比赛规则、规程及相关规定;
(2)尊重裁判员、服从裁判;
(3)在比赛中有权向裁判员询问亟待解决的问题;
(4)有权通过领队或教练员对比赛、裁判工作提出建议和意见。

2. 领队

领队是代表队的领导者,参加比赛的单位应派领队1人(可由教练员或运动员兼任),其职责如下:

(1)熟悉并要求代表队全体人员遵守比赛规则、规程及各种规定;
(2)负责运动员与主办者及组委会之间的联系,及时向本队传达组委会及裁判委员会等部门的通知和决议;

（3）对比赛和裁判工作的意见，应以口头或书面形式提出，但是凡提出与成绩有关的意见，不得超过成绩公布后1小时。

3. 教练员

参加比赛的单位应派教练员（可由领队或运动员兼任）在技术上指导运动员，并协调领队工作。

4. 参加比赛的人员

参加比赛的人员应爱护比赛场地设施，保护自然环境。

二、比赛组织委员会

比赛组委会是比赛的承办者，其职责和组成如下：

1. 主要职责

（1）负责比赛的组织领导工作，根据比赛规则，保证比赛的公正性；

（2）应根据有关规则、规定制定本次赛事的比赛规则；

（3）最迟应在比赛前2个月发出比赛邀请书，比赛邀请书应包括以下内容：

①比赛名称、日期、形式和项目；

②比赛的主办单位及比赛组织委员会成员；

③比赛组别、接力赛不同赛段允许的组别；

④各年龄组的比赛距离，接力赛各赛段距离（准确到千米）；

⑤地图、比例尺等；

⑥参赛队的组成；

⑦报名地址和截止日期；

⑧报名费和其他费用支付方式；

⑨比赛的规程。

2. 组成

组委会由主任、副主任及委员等若干人组成。组委会下设技术组、裁判委员会、秘书组、后勤组，并任命总裁判1人。

（1）技术组负责选择比赛场地、路线设计、地图准备、安全保证等；

（2）裁判委员会负责比赛实施和确定比赛成绩，并监督比赛参加者遵守比赛规则和规程；

（3）秘书组负责有关比赛的文书工作，宣传工作，接待工作，组织参观，开幕、发奖仪式程序安排等；

（4）后勤组负责比赛的物质保障及临时设施的设置、交通运输等。

三、裁判员

（一）总裁判

总裁判的职责为：

（1）遵循比赛规则，全面领导比赛和裁判工作，负责组织裁判队伍，并进行必要的训练；

（2）接受组委会领导，执行组委会的有关规定，协调裁判委员会与组委会各机构的工作；

（3）视情况制定有关补充规定和通知，召开裁判员和教练员会议，说明和解答有关规定；

比赛场地选择、路线设计、计划制订;

(5)汇总、裁决比赛中出现的问题,受理代表队提出的有关裁判工作的申诉和意见;

(6)审核、签署比赛成绩。

(二)副总裁判

副总裁判的职责为:

(1)协助总裁判工作,完成裁判委员会分配的任务,必须时刻准备兼任裁判组的裁判长职务;

(2)与有关部门一起负责代表队报到及运动员资格审查;

(3)负责组织代表队、工作人员、参观人员按时到达赛区。

(三)起点裁判组

起点裁判组的职责为:

(1)比赛前组织各队教练抽签,编排运动员出发顺序表,交由裁判长审签后印发;

(2)备齐卡片、地图等比赛用品,并负责起点地区场地布置、区域划分;

(3)运动员进入预备区后,负责点名、宣布比赛规定及注意事项;

(4)组织运动员出发,维护起点秩序,适时传唤运动员,分发地图,填写比赛卡片,负责发令和监督犯规行为。

(四)检查点裁判组

检查点裁判组的职责为:
(1)领取检查点标志、对讲机等器材,并按路线设计图准确布点;
(2)视情况在检查点附近隐蔽设置检查点裁判员,监督犯规行为,并保护检查点标志不被破坏,必要时还可设巡回裁判员;
(3)及时与指挥台联络,报告比赛进展情况及发生或发现的问题,保证比赛顺利进行;
(4)终点关闭后,组织检查点裁判员撤回,并清点器材,收容迷路、退赛、超时或受伤的运动员。

(五)终点裁判组

终点裁判组的职责为:
(1)备齐终点所需各类比赛器材,布置终点场地,维持终点秩序;
(2)准确记录运动员通过终点线的时间,审核卡片,验证运动员是否经过规定的检查点;
(3)收集运动员犯规情况,提出处理意见,报请总裁判裁决;
(4)负责比赛成绩的统计和公布;
(5)视情况回收地图,收回运动员的号码布;
(6)宣布终点关闭,通过指挥台通知检查点裁判组清点终点器材。

(六)裁判工作用品

1. 起点裁判组用品

(1)比赛用图及检查点说明;

(2)检查卡片;

(3)计时器;

(4)发令旗及发令器;

(5)步话机;

(6)起点横幅、绳索;

(7)区域划分标志牌,包括预备区、参观区、工作区、报到区等;

(8)扩音机一台,小黑板一块;

(9)大遮阳伞、裁判工作用桌椅等;

(10)画线用白灰、木桩和绳索;

(11)太阳帽、雨衣、文件夹、文具、器材包等;

(12)起点用表格。

2. 检查点裁判组用品

(1)检查点标志及打印器(含印油);

(2)步话机;

(3)水壶、雨衣、太阳帽、文件夹、文具、器材包等。

3. 终点裁判组用品

(1)计时器;

(2)终点横幅、绳索,挂有小旗的终点跑道标志绳 50~100 米;

(3)步话机、扩音机;

(4)计算器;

(5)大遮阳伞及桌椅等;
(6)区域划分标志牌,包括工作区、休息区、参观区等;
(7)成绩公布板;
(8)雨衣、太阳帽、文件夹、文具、器材包等;
(9)终点用表格。

四、犯规与处罚

(一)警告

下列情况给予警告处罚:
(1)代表队成员擅自出入预备区,但未造成后果的;
(2)在出发区提前取图或抢先出发者;
(3)接受别人帮助,如指路、寻找点标等;
(4)为别人提供帮助,如指路、寻找点标等;
(5)为从其他运动员的技术中获利,故意在比赛中跟近其他运动员;
(6)不按规定佩戴号码布。

(二)成绩无效

下列情况判运动员成绩无效:
(1)冒名顶替参加比赛者;
(2)比赛中使用交通工具者;
(3)有证据表明在比赛前勘察过路线者;
(4)未通过全部检查点,即检查卡片上打印器图案不全者;
(5)打印器图案模糊不清,确实无法辨认者;
(6)比赛结束前(指终点关闭)不交回卡片者;
(7)超过规定比赛时间者。

(三)取消比赛资格

下列情况取消比赛资格:
(1)不符合分组年龄标准或谎报年龄者;
(2)有意妨碍他人比赛者;
(3)蓄意破坏点标、打印器和其他比赛设施者;
(4)未通过全部检查点,伪造打印器图案者;
(5)没有佩戴大会颁发的号码布者;
(6)丢失比赛卡片者。

（四）其他情况处理

（1）运动员途中因伤病不能继续完成比赛时，以退赛论，退赛后应尽快向就近裁判员报告；

（2）出发前运动员因故退赛，领队或教练员应向起点裁判长提交书面报告；

（3）运动员迟到，且按比赛顺序下批运动员已进入出发线时，该运动员以退赛论；

（4）运动员在比赛中损害群众利益，视情节轻重给予处罚，影响比赛由本人负责，造成的后果及经济损失由本队负责。

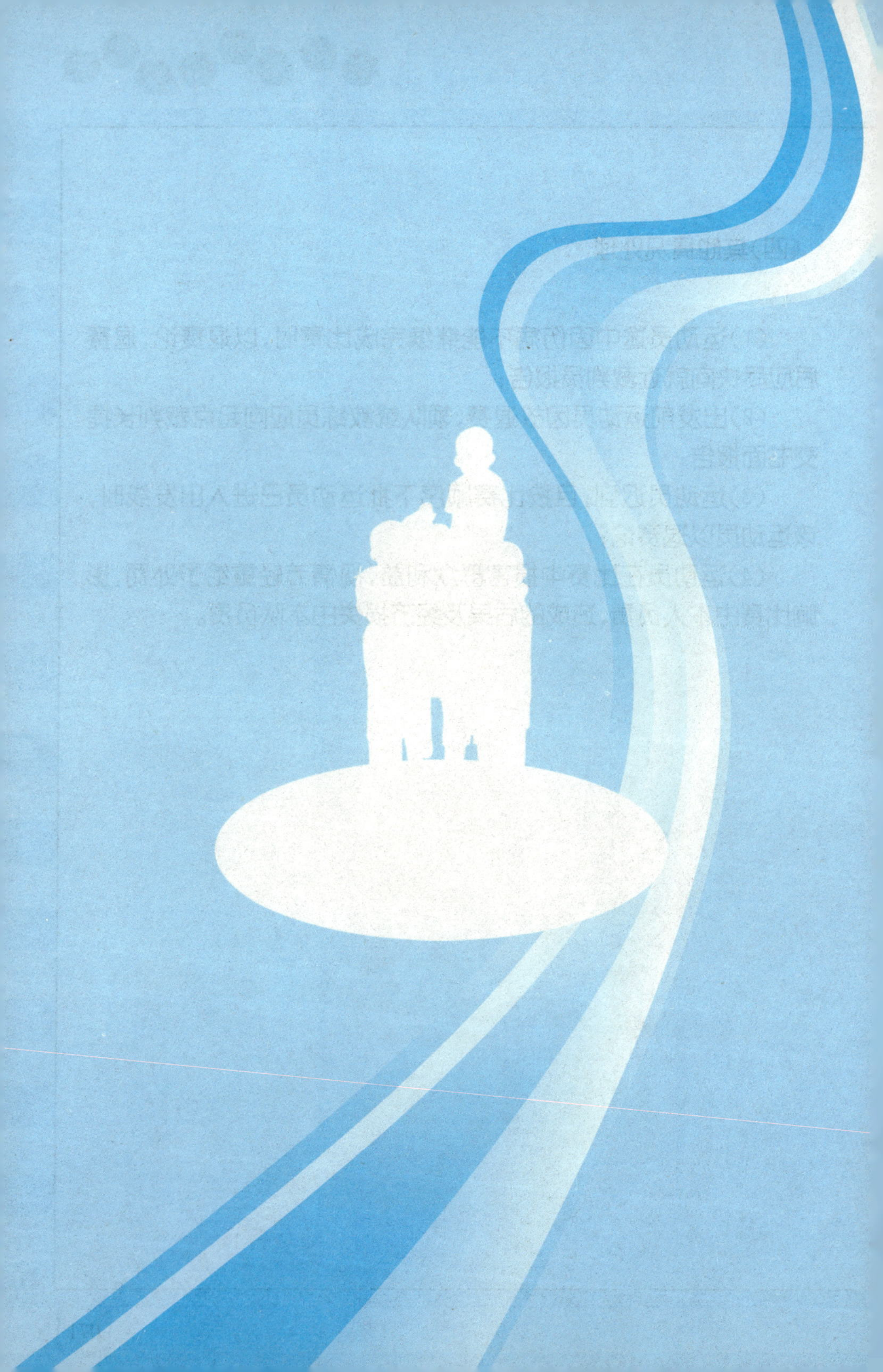

拓展训练

第七章 拓展训练概述

拓展训练主要是指利用自然环境，通过精心设计的活动，达到"磨炼意志、陶冶情操、完善人格、熔炼团队"的培训目的，即提升职业品质。

第一节 起源与发展

拓展训练英文名为 Outward bound,从字面上解释,为船要离港召集船员的旗语,后来被人们解释为一艘小船在暴风雨来临之际起航,投向未知的旅程,去迎接一次次挑战。

一、起源

拓展训练起源于二战时期的英国,当时英国的商务船只在大西洋里屡遭德国潜艇的袭击,许多缺乏经验的年轻海员葬身海底。针对这种情况,汉思等人创办了"阿伯德威海上学校",训练年轻海员在海上的生存能力和船触礁后的生存技巧,使他们的身体和意志都得到锻炼。战争结束后,许多人认为这种训练仍然可以保留,于是拓展训练在世界各地广泛发展起来。

二、发展

风靡全球半个世纪的拓展训练于 1995 年进入中国,并迅速成为一项时尚运动。它的独特创意和训练方式逐渐被推广开来,训练对象由最初的海员扩大到军人、学生、工商业人员等各类群体。训练目标也由单纯的体能、生存训练扩展到心理、人格、管理训练等。拓展训练以其新颖独特的训练方式和良好的训练效果风靡世界,深受人们欢迎。

第二节 特点与价值

拓展训练能使参与者在活动中发现并解决团队与个人存在的问题，增强团队凝聚力、个人与团队的沟通协作能力，增强自信心与意志力，激发个人潜能，增强业务推广能力，使团队与个人都有所收获。

一、特点

拓展训练是一项集个人项目与集体项目于一体、挑战自我的新兴时尚运动。

(一)综合活动性

拓展训练的所有项目都以体能活动为引导，引申出认知活动、情感活动、意志活动和交往活动，有明确的操作过程，要求参与者全身心地投入。

(二)挑战极限

拓展训练的项目都具有一定的难度,表现在心理考验上,需要参与者向自己的能力极限挑战,跨越极限。

二、价值

通过拓展训练,能够培养良好的团队精神和积极进取的人生态度。

(一)自我教育

在拓展训练中,指导教师只是在课前把课程的内容、目的、要求,以及必要的安全注意事项向参与者讲清楚,活动中一般不进行讲述,也不参与讨论,充分尊重参与者的主体地位和主观能动性。即使在课后的总结中,指导教师也只是点到为止,主要让参与者自己来讲,达到自我教育的目的。

(二)提高素质

通过拓展训练,参与者综合素质会有所提高,可以认识自身潜能,增强自信心,改善自身形象;克服心理惰性,磨练战胜困难的毅力;启发想象力与创造力,提高解决问题的能力;认识群体的作用,增加对集体的参与意识和责任心;改善人际关系,学会关心他人,更为融洽地与群体合作;学习欣赏、关注和爱护大自然。

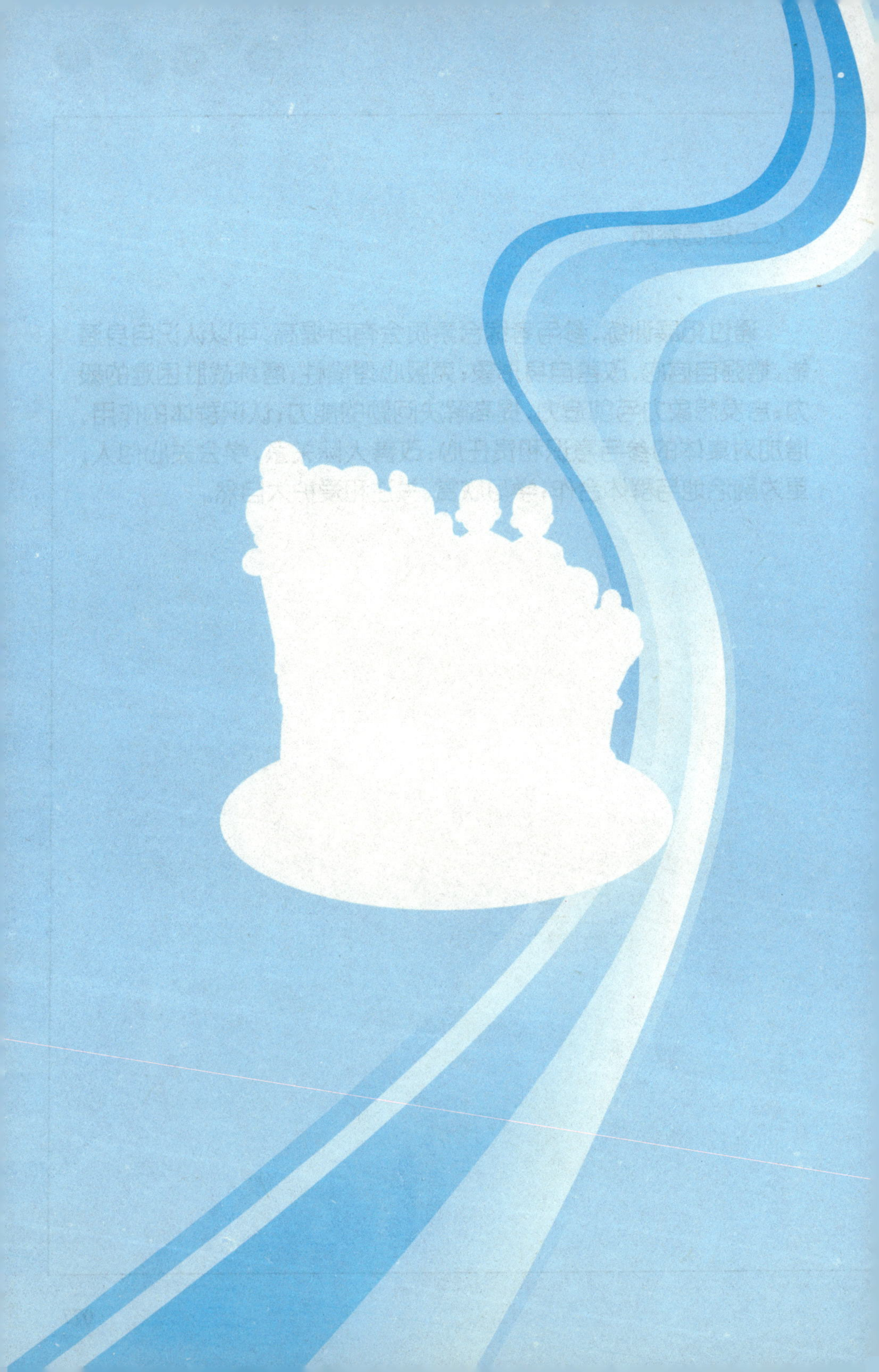

第八章 拓展训练场地和装备

　　拓展训练以亲近大自然的自身体验,深受广大参与者的喜爱,因此在场地选择方面别具一格,而它的装备也要结合不同的训练项目进行选择。

第一节 场地

拓展训练主要由水上、野外和基地三类场地的课程组成。

一、水上

水上课程包括游泳、跳水、扎筏、划艇等。游泳、跳水场地主要是游泳馆与标准安全的跳水馆，扎筏、划艇等场地主要是户外的河流、湖泊等具备一定开展条件的地方。

二、野外

野外课程包括远足露营、登山攀岩、野外定向、户外生存技能等。

（1）远足露营场地最好选在比较安全的野外，离水源较近，没有野兽出没的地点；

（2）登山攀岩场地最好选在基地人工攀岩岩壁，如果条件允许，也可以在适合青少年开展的岩石山上进行；

（3）野外定向对场地没有严格要求，但是场地必须够大，并且不能太空旷，要有一定的视线障碍物；

（4）户外生存技能场地最好选在野外资源丰富的地方，靠近水源，且提前把有害、有毒的野外植物清理掉。

三、基地

基地课程包括空中单杠、天梯、空中断桥等，场地均选择在基地综合训练架。

第二节 装备

参加拓展训练对装备有一定的要求，这些要求都是根据拓展训练的特点确定的。

一、服装

应选择适合于户外活动的休闲服、运动服等，女生一定不要穿裙子（包括运动短裙）。

二、鞋

应选择适合于户外活动的运动鞋，切勿穿皮鞋或凉鞋。

第九章 拓展训练项目

拓展训练项目种类繁多,人们可以根据不同的素质拓展目标,选择不同的训练项目。

第一节 巧解绳结

这是一项非常简单的拓展训练项目,通过此项训练,可以使训练者摆脱原有的思考模式,进而培养创造力。

一、项目类型

双人合作项目。

二、野外

室内、室外皆可。

三、器材

长度为1.3米的绳子若干条(两端有绳套)。

四、人员要求

两人以上。

五、项目目标

摆脱原有的思维模式，了解经验对人的限制，体验如何发挥创意与行动力。

六、项目时间

15分钟。

七、项目布置

（1）指导教师发给每名队员1条绳子；

（2）每名队员分别将两端的绳套套在自己两只手腕上，同时将绳子与另一名队员手上的绳子交叉连接，让队员想办法解开绳结；

（3）告诉队员解绳方法，然后让所有队员组成一个大的绳结，两两相交叉，让队员尽量用最快速的方法解开绳结。

八、注意事项

（1）在解绳结的过程中，每名队员手上的绳套都不能脱离手腕；

（2）不能将自己两只手上的绳套交换。

九、引导讨论

（1）当接触这个问题时，第一反应是什么，而后采取了什么行动；

（2）在尝试了一段时间之后，你有什么感觉，是否相信有可能解开；

（3）解不开的原因是什么，是否曾经想要放弃；

（4）当听说有的队员已经解开绳结的时候，你在想什么；

（5）在活动过程中尝试过哪些方式，所犯的一些错误是否有相同的特性；

（6）有没有什么想法是在尝试前就被否定了的，为什么，是否只是在自己的经验中寻找答案；

（7）生活中曾面临过类似的情况吗，你的反应是什么；

（8）以往的经验对你有什么影响，你会过度依赖经验吗（见图9-1-1）。

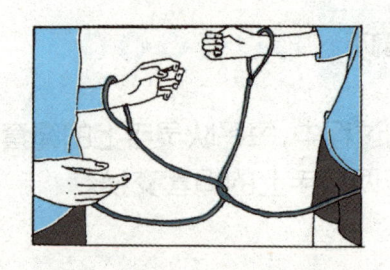

图 9-1-1

第二节 盲人方阵

此项目对场地和器材的要求不高，可以培养训练者良好的沟通和决策能力。

一、项目类型

团队合作项目。

二、场地

1块平整的场地。

三、器材

30个眼罩，1根25米长的绳子。

四、人员要求

20人左右。

五、项目目标

培养非常状态下的沟通和决策能力。

六、项目时间

30 分钟。

七、项目布置

（1）在队员蒙上眼睛后，让每位队员原地转 3 圈，再向前走 5 步；

（2）指导教师将一捆缠绕在一起的绳子交给队中的一名队员，要求团队在 30 分钟内利用这捆绳子组成一个最大的正方形；

（3）队中所有队员相对均匀的分布在四边上，在项目没有完成之前不许解开眼罩。

八、注意事项

提醒并防止队员的相互碰撞。

九、引导讨论

（1）这个项目中最困难的环节在哪里，在非常（没有视觉）状态下，如何进行同伴之间的沟通；

（2）为什么有些人始终在沉默，在这个时候，沉默可能不是坏事，太多的不成熟意见会扰乱决策，在没有明确主意之前，善于倾听他人的意见，服从统一指挥可能就是对团队的最大贡献；

（3）作为领导者，更关注任务完成的过程还是结果（见图 9-2-1）。

图 9-2-1

第三节 卧式传递

通过卧式传递的训练,可以增强团队的凝聚力,增加团队成员的相互信任与理解。

一、项目类型

户外团队项目。

二、场地

1块平整的场地。

三、器材

3块长垫子。

四、人员要求

10人以上。

五、项目目标

活跃集体气氛,增强团队的凝聚力;增强大家相互信任、理解和相互合作的团队精神;通过身体的接触来实现大家情感上的沟通。

六、项目时间

5分钟。

七、项目布置

(1)把小组分成两排,背对背站好,平躺在垫子上,双手向上举起,双手之间要有一定距离,所有队员要肩挨肩,并且肩膀在一条直线上;

(2)一名队员身体绷直,由指导教师保护着平躺在队员的手上,躺在垫子上的队员,要用自己的双手把上面的队员从队伍的一侧平托举到队伍的另一侧放下,然后再从下一名队员开始,直到所有的队员都被托举一遍为止。

八、注意事项

(1)大家必须集中精力和保持身体紧张;

(2)被传递的人到末端时一定要有人接应；

(3)传递过程中要有1人跟随保护。

九、引导讨论

(1)通过大家的合作完成一件令人高兴的事情,体会那种兴奋的心情；

(2)通过身体的接触来进行与同伴情感上的沟通；

(3)让队员认识到自己在帮助他人的时候,有可能也正需要他人的帮助(见图9-3-1)。

TUOZHAN XUNLIAN XIANGMU 拓展训练项目

图 9-3-1

第四节 大树与松鼠

通过这个项目的训练,可以活跃团队气氛,增强团队成员彼此间的交流。

一、项目类型

团队破冰。

二、场地

1块平整的场地。

三、器材

无。

四、人员要求

10人以上。

五、项目目标

活跃团队气氛。

六、项目时间

5~10分钟。

七、项目布置

（1）事先分好几个组，3人1组，其中2人扮"大树"，面向对方伸出双手搭成一个圆圈，形成"树洞"，1人扮"松鼠"，站在"树洞"中间，指导教师或其他没成对的队员担任自由角色；

（2）当指导教师喊"松鼠"时，"大树"不动，扮演"松鼠"的人必须离开原来的"大树"，重新选择其他的"大树"，指导教师或临时人员成为"自由松鼠"趁机寻找"树洞"，最后没有"树洞"的"松鼠"应表演节目；

（3）当指导教师喊"大树"时，"松鼠"不动，扮演"大树"的人必须离开原来的同伴重新组合成一对"大树"，并圈住某个"松鼠"，指导教师或临时人员成为"自由大树"，最后没有形成"大树"的人应表演节目；

（4）当指导教师喊"地震"时，扮演"大树"和"松鼠"的人全部打散并重新组合，扮演"大树"的人可扮演"松鼠"，"松鼠"也可扮演"大树"，指导教师和其他临时人员也加入游戏中，最后落单的人表演节目。

八、注意事项

要提醒队员在跑动中注意安全,避免受伤。

九、引导讨论

(1)通过身体的接触与同伴进行情感上的沟通;

(2)让队员认识到自己在帮助他人的时候,有可能也正需要他人的帮助(见图9-4-1)。

图 9-4-1

第五节 人浪

这是一个非常有趣的训练项目,而且对场地和器材的要求不高,可以培养团队成员之间的彼此配合。

一、项目类型

团队破冰。

二、场地

1块平整的场地。

三、器材

大缆绳。

四、人员要求

10人以上。

五、项目目标

团队默契配合。

六、项目时间

10 分钟。

七、项目布置

（1）全体队员手握缆绳围成一圈，面向圆心，同时向后靠，形成一个巨大的人圈；

（2）指导教师发出指令，某个方向的人向下蹲，另外 3 个方向的人感觉中间力量的变化；

（3）按顺时针方向逐一向下蹲，完成人浪的操作。

八、注意事项

全体队员手握缆绳时手臂要伸直，并要尽量同时向后靠。

九、引导讨论

（1）在别人向下蹲时，你感觉有什么变化，你会有什么直接反应；

（2）我们这个团队是怎样达成相互配合的效果的（见图 9-5-1）。

图 9-5-1

第六节 坐地起身

通过该项目的训练，可以培养训练者的团结协作意识。

一、项目类型

团队项目。

二、场地

1块平整的场地。

三、器材

无。

四、人员要求

4人以上。

五、项目目标

让大家明白合作的重要性。

六、项目时间

30 分钟。

七、项目布置

（1）首先要求队员 4 人 1 组，围成一圈，背对背坐在地上；

（2）一般来说，一个坐在地上的人，是很难手不着物站起来的，4 人手臂挽手臂，然后要让他们一同站起来，应该很容易；

（3）再试试人多一点，如 6 个人，应该还不是太难，最后再试试 15 人一同站起来，那难度就会较大了。

八、注意事项

（1）每一个训练者一定要用手臂互相挽在一起；

（2）注意一定要在同一时间站起来。

九、引导讨论

（1）在别人站起时，你感觉有什么变化，你有什么直接反应；

（2）我们这个团队是怎样达成相互配合的效果的（见图 9-6-1）。

TUOZHAN XUNLIAN XIANGMU 拓展训练项目

图 9-6-1

103

第七节 快速传球

通过这个项目的训练，可以使训练者体会双赢以及团队合作的重要性。

一、项目类型

团队项目。

二、场地

1块平整的场地。

三、器材

1个皮球。

四、人员要求

20人。

五、项目目标

体会双赢及团队合作的重要性。

六、项目时间

20 分钟。

七、项目布置

（1）把队员分成 4~5 个小组，所有队员围成一个大圆圈，一个组的队员必须在一起，不能错开；

（2）将 1 个皮球交给第一组的第一名队员，要求小球必须传过每一个人，不能落地，并规定在 30 秒的时间内必须传完 5 圈；

（3）当规定时间到时，若还没有完成 5 圈，则小球在哪组队员手中，该组全体就要"受罚"（原地深蹲或俯卧撑等）；

（4）"受罚"后，开始进行第二轮游戏。

八、注意事项

（1）开始后的第一轮，队员们会发现要在这么短的时间内传 5 圈是很困难的，因此在第二轮中，有的队可能故意放慢节奏"陷害"

其他队,这时候指导教师要进行引导,通过几轮游戏后,使队员们发现"陷害"其他队的做法并不可取,因为那是随机的,而唯一能做的就是共同努力想办法去创造纪录,比如大家把手伸出形成平面,让球在上面滚过去等;

(2)有些队员可能因"受罚"而产生情绪,认为不公平,所以每轮从不同的起点开始,并在开始前打好"预防针"。

九、引导讨论

人心齐,泰山移(见图 9-7-1)。

拓展训练项目 TUOZHAN XUNLIAN XIANGMU

图 9-7-1

第八节 连环手

通过这个项目的训练，可以使训练者体会到团队成员沟通的重要作用。

一、项目类型

团队项目。

二、场地

1块平整的场地。

三、器材

无。

四、人员要求

10人1组为最佳。

五、项目目标

让队员体会在解决团队问题方面都有怎样的步骤、沟通的重要性，以及团队合作、永不放弃的精神。

六、项目时间

20分钟。

七、项目布置

（1）指导教师让每组队员站成一个面向圆心的圆圈；

（2）听从指导教师口令，先举起右手，握住对面那个人的手，再举起左手，握住另外一个人的手，现在在不松开手的情况下，想办法把这张乱网解开，最后形成一个大家手拉手围成的大圆圈；

（3）指导教师告诉大家，乱网一定可以解开，但答案会有两种，一种是一个大圈，另外一种是两个套着的环；

（4）如果在尝试过程中实在解不开，指导教师可允许队员相邻两只手断开1次，但再次进行时必须马上封闭。

八、注意事项

（1）不能抓自己身边队员的手，自己的两只手不能同时抓住另外一个人的两只手，没有指导教师的批准，任何情况下，队员的手都不能松开；

（2）指导教师要多鼓励队员坚持到底，尽量不松手。

九、引导讨论

（1）开始时的感觉怎么样，是否思路很混乱；

（2）当解开了一点以后，你的想法是否发生了变化；

（3）在这个过程中，你是否体会到"胜利往往就是再坚持一下"（见图9-8-1）。

拓展训练项目

图 9-8-1

第九节 众志成城

通过这个项目的训练，可以让训练者体会到合作以及个人在团队中履行职责的重要性。

一、项目类型

团队项目。

二、场地

1块平整的场地。

三、器材

数张泡沫拼图（或报纸）。

四、人员要求

20人以上。

五、项目目标

让队员体会合作的重要性，体会个人在团队中履行职责的重要性。

六、项目时间

30～40分钟。

七、项目布置

（1）先将全体队员分成几组，每组约10人；

（2）指导教师分别在不同角落（依组数而定）的地上铺上1平方米的泡沫拼图，请各组队员均站到泡沫拼图上，无论以什么方式站立都可以，但任何人的脚不可以踏在泡沫拼图之外；

（3）各组完成后，指导教师请各组拿掉1块泡沫拼图，再请各组队员踏在拼图上，若有队员被挤出拼图外，则该组被淘汰，不再参加下一回合比赛，如此逐步减少泡沫拼图，进行至淘汰到最后一组时结束，最后一组为胜方。

八、注意事项

指导教师要随时保护队员的安全，考虑异性队员一起参与的可能性，必要时可男女分组进行。

九、引导讨论

(1) 唯有全体队员的合作，团体才能成功或胜利；

(2) 每个人在团体中都有一定的重要性，可以贡献一己之力，并取长补短，同心协力，共同创造团体的成功机会（见图9-9-1）。

图 9-9-1

第十节 人椅

这是一项极其容易开展的拓展训练项目，可以通过该项目让训练者体会团队合作的重要性。

一、项目类型

团队合作项目。

二、场地

1块平整的场地。

三、器材

无。

四、人员要求

5人以上。

五、项目目标

体会团队合作的重要性。

六、项目时间

30分钟。

七、项目布置

（1）全体队员围成一圈；
（2）每名队员将双手放在前面一名队员的双肩上；
（3）大家听从指导教师的指令，缓缓地坐在身后队员的大腿上；
（4）坐下后，指导教师再给予指令，让队员喊出相应的口号，例如"齐心协力""勇往直前"等；
（5）最好以小组竞赛的形式进行，看哪个小组可以坚持到最后。

八、注意事项

指导教师要注意保护队员的安全。

九、引导讨论

（1）在游戏过程中，自己的精神状态是否发生了变化，身体和声音是否出现了变化；
（2）发现自己出现以上变化时，是否及时地进行了调整；
（3）自己是否有依赖思想，是否认为自己的松懈对团队影响不大，有这种想法时出现了什么情况（见图9-10-1）。

图 9-10-1

第十一节 雷阵

这个项目可以培养训练者的逻辑思维能力与团队合作意识。

一、项目类型

团队合作项目。

二、场地

1 块平整的场地。

三、器材

用粉笔画的雷阵图。

四、人员要求

10 人以上。

五、项目目标

(1)提高组织纪律性；
(2)学习合理利用工具的方法；
(3)突破思维定式，进行创新；
(4)学会认真倾听。

六、项目时间

30分钟。

七、项目布置

(1)团队在执行完任务返回的途中会遇到一个雷阵,而且这条路是必经之路,要求大家在30分钟的时间里迅速找到一条安全通道通过这个雷区,"IN"的一行为入口,"OUT"一行为出口;

(2)每次雷区里只能有一个人探雷,而且只能走相邻的格子,不能隔格跨越,不能踏线,不能试探,如果没有触雷,指导教师就说"OK",探雷者可继续探雷;如果触雷,指导教师就说"对不起",请按原路返回,回来后站到排尾,下一个人继续探雷,100分为满分,

每重复触雷1次扣1分，没按原路返回扣1分，踏线扣1分，每超时2分钟扣1分；

（3）指导教师手里有一张雷区图，上面标明雷的分布，阴影的部分为有雷，两个大的空格区是安全区，（不要告诉队员，只有他们被逼得走投无路的时候才会尝试这两个安全区，只有通过其中一个安全区，才能找到安全通道），通过这张图指导教师标出他们走过的路线以及违例扣分情况，最后统计得分。

八、注意事项

（1）提醒队员要认真倾听要求，记录触雷的情况及走过的路线；
（2）每走一步必须听指导教师的指令；
（3）雷区的左右两边是悬崖峭壁，无法通过。

九、引导讨论

（1）我们在进行集体操作的时候，约束力可能是衡量团队绩效的重要指标，如果在这个问题上有出入，领导者应负主要责任；

（2）项目一开始的时候，要求大家仔细听规则，就是要求我们要善于倾听，把所需要的信息收集全，这才有利于下一步的操作；

（3）我们用了很多的方法来完成这项任务，做记录、在地上做标记、分人记忆等，这些都是成功的关键；

（4）我们最终还是被逼到两边的安全区，这是成功关键的一步，在工作和生活中，每个人都会有思维定式，富于创新精神是突破思维定式的最突出表现（见图9-11-1）。

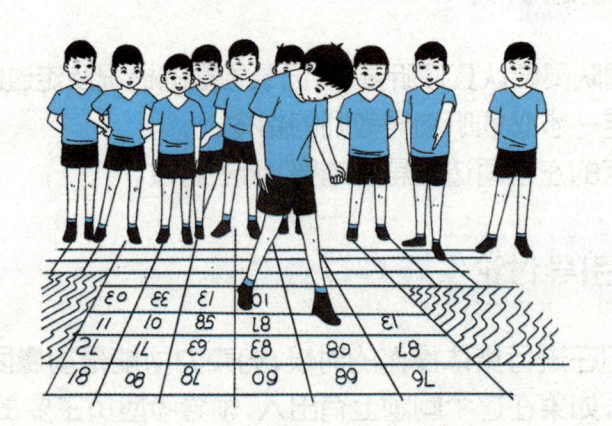

					OUT						
109	110	111	112	113	114	115	116	117	118	119	120
97	98	99	100	101	102	103	104	105	106	107	108
85	86	87	88	89	90	91	92	93	94	95	96
73	74	75	76	77	78	79	80	81	82	83	84
			67	68	69	70	71	72			
			61	62	63	64	65	66			
			55	56	57	58	59	60			
			49	50	51	52	53	54			
37	38	39	40	41	42	43	44	45	46	47	48
25	26	27	28	29	30	31	32	33	34	35	36
13	14	15	16	17	18	19	20	21	22	23	24
01	02	03	04	05	06	07	08	09	10	11	12
					IN						

图 9-11-1

第十二节 电网

这个项目为团队合作项目，同时可以培养训练者的个人决策和实际操作能力。

一、项目类型

团队合作项目，场地训练。

二、场地

在相对开阔的地带，选择两棵主干高 2 米以上的树，或有同样高度的其他支撑物。

三、器材

1 张宽 4 米、高 1.6 米的绳网（"四框麻绳"框内用细棉纶绳拉出 15～20 个高低、大小、形状各不相同的"洞"），最小的"洞"可勉强通过比较瘦小的队员。

四、人员要求

10～20 人为宜。

五、项目目标

(1)增强相互合作的团队精神；
(2)体会计划和精心操作的重要性；
(3)认识每个人在团队中的角色及其作用。

六、项目时间

40 分钟。

七、项目布置

(1)将"电网"挂在两棵树之间；
(2)将队员集中于"电网"一侧,介绍项目名称和活动要求；
(3)说明活动要求后,全队队员开始从"电网"的一侧在不触动"电网"情况下穿越"电网"到另一侧,穿越必须在规定的时间内完成；
(4)要求每个"网洞"只能 1 人通过,如触网则须返回,另选取其他"网洞"通过,触网的"洞"作废；
(5)未通过和已通过的队员不得返回至另一侧帮忙；

(6)全队队员只能由"电网"中的"网洞"通过；

(7)团队在规定的时间内全体通过"电网"，得 100 分；

(8)团队在规定时间结束后通过，每剩 1 人扣 10 分，每超过 1 分钟扣 1 分。

八、注意事项

(1)此项目可锻炼队员的决策和操作能力，为避免队员草率开始匆匆通过，应布置完任务后提醒队员在精心策划、精心操作之后再开始穿越；

(2)根据队员人数给出 1~2 个富余"网洞"，若人数太多时，可规定若干的"网洞"可以通过 2 次；

(3)指导教师在判罚时可采取"大洞严，小洞宽"的原则，根据实际情况进行；

(4)如在夏季，可提醒队员穿着越少越好，女同学不要穿裙子；

(5)如在冬季，在判罚上可作适当的放宽；

(6)详细观察每个人的表现、作用、决策和协调过程，以便进行指导；

(7)需要将队员托起通过时，应提醒保护队员，注意平稳起放，以保证安全；

(8)在活动进行过程中，队员如有导致危险的举动，指导教师要及时予以制止。

九、引导讨论

（1）团队在集体完成任务时，确定决策人是迈向成功的第一步；

（2）确立方案、明确分工、注意安全保障等是团队成功的关键；

（3）确立有效的团队纪律，激发情绪是团队成功的保障；

（4）有效的资源利用是团队成功的思路；

（5）相互协调和精心操作才能使计划得以顺利地实施；

（6）正确对待不同意见和挫折，增强团队的凝聚力；

（7）摆正个人在团队中的位置是团队成功的基础（见图9-12-1）。

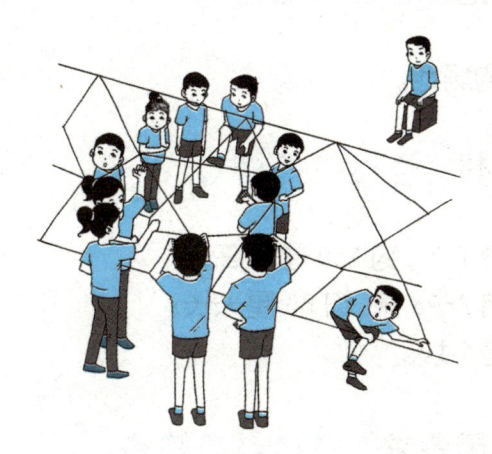

图 9-12-1

第十三节 信任背摔

这是一个典型的拓展训练项目,通过该项目的训练,可以培养训练者彼此间的信任。

一、项目类型

个人挑战与团队合作项目,场地训练。

二、场地

1块平整的场地。

三、器材

(1)背摔台1个,约150厘米高;
(2)捆手布2~3条,约60厘米长;
(3)体操垫1块。

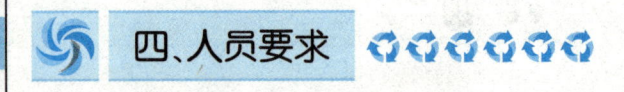

四、人员要求

10人以上。

五、项目目标

(1)克服心理恐惧；
(2)活跃集体气氛，增加团队凝聚力；
(3)增强相互信任和理解。

六、项目时间

小组队员为 15 人时，约需 70 分钟。

七、项目布置

(1)队员轮流站在高台上，双手握于胸前，直立向台下倒，台下由全体队员保护其安全；

(2)挑选 10~20 名下方保护人员，摆成保护姿势，要求 1 对 1 地面对面排列，双臂向前平举，掌心向上，伸到对面队员胸前，形成手臂垫；

(3)腿要呈弓箭步，队员倒下去注意手臂用力，抬头看着倒下的队员，将倒下队员接住后，用"放腿抬肩法"将队员平稳放下，开始之前，指导教师应先用身体下压队员手臂，让队员感受到重量，并表现出足够的托力；

(4)上下口令呼应，台上队员大声问下面"准备好了没有"，台下队员齐声回答"准备好了"，台上队员听到回应后，大声喊"一，二，三"，台上队员直挺身体向后倒下；

(5)指导教师站在台上，用捆手布将队员的手捆住，并用手抓

129

住捆手布，从捆上布条至喊完口号前，指导教师必须用手握住布条，以防队员突然倒下，指导教师站在队员身侧，提醒下面队员注意后，可以开始让所有队员顺序完成该项目。

八、注意事项

（1）要求全体队员摘去手表、胸针、发卡、眼镜、手机等可能造成伤害的物品；

（2）第一位背摔者可由队员自报，但要确定一名体重较轻的队员进行第一次背摔，体重大的队员应放在中间做，并可适当增加保护人数；

（3）有心脏病、脑血管病、高血压及严重腰伤者不能参加；

（4）背摔台的四脚应稳固结实；

（5）要注意台面木板是否结实；

（6）防止台上队员倒下时将指导教师同时拉下；

（7）指导教师在台上后移时注意防止摔下；

（8）指导教师要检查背摔者身上是否有硬物等危险物品；

（9）未经上下口令呼应时不得操作；

（10）下方保护队员接住上方队员后不得将其抛起；

（11）禁止将接住的队员顺势平放在地上。

九、引导讨论

(1)谈谈突破心理障碍瞬间的感受和挑战自我的意义;

(2)通过对比看和做之间的心理差别,体会换位思考和相互理解的重要意义;

(3)体会相互信任的重要性;

(4)理解按要求进行挑战是最安全的;

(5)有些事情未能做或未能做好,并不是能力不行而是心理不行,而心理素质是可以通过锻炼加强的;

(6)心理保护层厚的人,现有的能力也很难发挥,不断突破心理保护层是成功的关键;

(7)成功的关键在于不断地突破自己,走出第一步(见图9-13-1)。

图 9-13-1

第十四节 求生

通过该项目的训练，可以培养训练者团结一致、密切合作、克服困难的团队精神，并体会团结就是力量的意义。

一、项目类型

团队合作项目。

二、场地

一面 3.8 米高的求生墙。

三、器材

两块长 2 米、宽 1.5 米的大海绵垫，两块小海绵垫。

四、人员要求

10 人以上，男生和女生的比例为 6：4。

五、项目目标

（1）培养团结一致、密切合作、克服困难的团队精神；
（2）培养计划、组织、协调能力；

(3)发挥每个人的优势,体会团结就是力量的意义。

六、项目时间

40分钟。

七、项目布置

(1)召集队员至场地,宣布团队所在的船只半夜失火,再有40分钟大火就要烧到船舱,船长要带领大家在40分钟的时间里翻过面前的障碍到甲板上去逃生;

(2)逃生过程中,不许脱下衣服和腰带使用,不许将海绵垫立起或叠起,已上墙的人不许再回到下面帮忙;

(3)每剩1人,扣10分。

八、注意事项

(1)海绵垫要靠墙,两个海绵垫之间不要留空隙;
(2)注意安排队员保护;
(3)注意阻止危险动作;
(4)可适当提醒队员改变方式;
(5)女生不能倒挂;
(6)近视500度以上者禁止倒挂。

九、引导讨论

（1）在开始做之前是否已经有了计划；

（2）"资源配置"的问题很重要，在发现困难的时候，不是一时的紧张或冲动，而是要冷静下来，尽快地分析现场情况，集中信息，做出决策，决策之后，马上行动，"行必果"是成功的保障之一；

（3）如果一个人面对这面3.8米高的墙会怎样，现代社会是"集体英雄"时代，互相合作，协同作战，成为共识的经营理念；

（4）认识"木桶原理"，木桶贮水量的大小，不在于最长或最高的那一块木板，而是取决于它最短或最矮的那一块木板（见图9-14-1）。

图 9-14-1

第十五节 袋鼠跳

通过该项目的训练，可以使训练者体会到每个人在团队中的重要意义，并以平常心来看待输赢。

一、项目类型

团队比赛项目，场地训练。

二、场地

1 块长 30 米、宽 30 米的平地。

三、器材

跳袋 2～10 个（每个跳袋由十几个连在一起的麻袋组成）。

四、人员要求

24～96 人。

五、项目目标

(1)理解竞争的意义;
(2)保持一颗平常心。

六、项目时间

10 分钟。

七、项目布置

把队员分成若干组,每组队员分别站到跳袋里,双手提住跳袋的两边,站到起跑线上,听到指导教师发出"开始"的口令后,所有队员提着跳袋一起有节奏地向前跳。

八、注意事项

随时提醒队员,防止跌倒摔伤。

九、引导讨论

(1)快速融入团队,体会每个人在团队中的重要作用;

(2)只要互相理解,相互适应,团队的大目标实现了,每个人的小目标才能实现;

(3)体会保持一颗平常心的重要性(见图9-15-1)。

图9-15-1

第十六节 翻叶子

通过该项目中的肢体接触，打破人际隔离，活跃团队气氛，同时学习问题决策与团队互动。

一、项目类型

团队合作项目。

二、场地

1块平整的场地。

三、器材

每组1块布，即"叶子"。

四、人员要求

12~16人1组。

五、项目目标

通过肢体接触,打破人际隔离,活跃团队气氛,从具有挑战性的活动设计中,学习问题决策与团队互动。

六、项目时间

30分钟。

七、项目布置

(1)整组人员站上"叶子"后,由指导教师宣布规则;

(2)所有队员现在是一群雨后受困的"蚂蚁",在水面好不容易找到1块"叶子"站上,却又发现叶面充满了毒液,除非大家可以将"叶子"翻面,否则又将遭受另一次生命的威胁;

(3)在"叶子"成功翻面以前,每隔3分钟就有1人中毒失明(或无法说话),由团队自行决定谁是中毒者;

(4)整个过程都站在"叶子"上,包括讨论;

(5)所有人身体的各部位均不可碰触到"叶子"以外的部分,否则重新开始。

八、注意事项

"叶子"一定要足够大,能使全组人都站到上面。

九、引导讨论

(1)你觉得任务完成的关键是什么;

(2)决策是如何形成的,活动中的关键人物是谁,扮演什么角色,平时生活中团队是否有这样的角色存在,有什么异同;

(3)如果活动中,当你我彼此失去了适当的距离,是否对人际关系有帮助或影响;

(4)在参与团队决策过程中,你所处的位置跟参与程度有什么关联性,是否与现实生活中的你的状况相似;

(5)在有限的视野及活动范围内,人际沟通有没有哪些改变或影响,忽略了什么,或是会特别注意到哪些情况;

(6)团队是如何选择中毒者的,依据什么判断,被选中者的心情如何,如何配合团队运作;

(7)如果在活动中当某些人出现状况时,团队是否适时地照顾到对方的感受,或曾提供哪些协助(见图9-16-1)。

TUOZHAN XUNLIAN XIANGMU 拓展训练项目

图 9—16—1

143

第十七节 千斤顶

通过该项目的训练，可以使训练者体会到团队合作的重要意义。

一、项目类型

团队合作项目。

二、场地

平坦且空旷的场地为宜。

三、器材

无。

四、人员要求

人数从10人以内的小团队至50人以上的大团队均可。

五、项目目标

(1)可作为课程衔接的破冰活动；
(2)学习团队合作的观念。

六、项目时间

30 分钟。

七、项目布置

（1）刚开始每两人1组操作（找体形相仿的伙伴搭配），两人面对面坐在地上，脚底相抵，膝盖弯曲，双手紧握；

（2）双方用力互拉，使两人同时垂直站起；

（3）当两人小组成功后，再增加一名伙伴，以同样方式站起，然后依序增加人，直到整个团体都试过；

（4）执行时脚一定要有接触，手要互握，所有的人臀部要同时离开地面。

八、注意事项

队员不可将手臂勾在一起，应握住对方的手腕处，以免有脱臼的危险。

九、引导讨论

讨论成功与失败的关键因素（见图 9-17-1）。

图 9-17-1

第十八节 木人梯

通过该项目的训练,可以培养训练者之间的信任与托付。

一、项目类型

团队合作项目。

二、场地

室内外皆可。

三、器材

2人1根60厘米长的体操棒。

四、人员要求

12~16人1组。

五、项目目标

培养同伴之间的信任。

六、项目时间

30 分钟。

七、项目布置

（1）所有队员2人1组，手握1根约60厘米长的体操棒，面对面搭成一排"木梯"（可采直立或横或倾斜），高度不宜过腰；
（2）所有队员须依序攀爬通过"木梯"；
（3）攀爬过程中不能碰触或协助攀爬者；
（4）掉下或犯规时须回原点再重来；
（5）要注意踩稳后再前进。

八、注意事项

指导教师要随行保护。

九、引导讨论

（1）视觉感官与实际体验是否有落差；
（2）伙伴的支持与协助及信任感是如何建立的；
（3）支持者与被支持者两种角色有怎样的不同感受（见图9-18-1）。

TUOZHAN XUNLIAN XIANGMU 拓展训练项目

图 9-18-1

第十九节 空中单杠

这是一个难度较大,需要在拓展训练基地开展的项目,可以培养训练者的个人心理素质。

一、项目类型

个人心理挑战项目。

二、场地

基地综合训练架。

三、器材

2条10.5毫米粗的主绳、8枚铁锁、4条40厘米长的绳套、2枚下降器、5条安全带、2顶安全帽和4副手套。

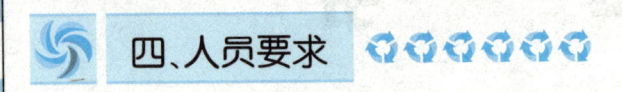

四、人员要求

10人以上。

五、项目目标

(1)克服心理障碍,建立自信心,增强自我控制能力;

(2)通过相互鼓励、相互保护的活动,亲身体验相互信任、相互负责的团队精神;

(3)学习换位思考。

六、项目时间

5分钟。

七、项目布置

(1)召集队员到场地,讲解器材的使用(安全带和安全帽)知识;

(2)要求队员轮流攀到跳台,屈膝,准备好以后,奋力跃出,双手抓向单杠;

(3)调整单杠远近。

八、注意事项

(1)检查保护绳、安全带和安全帽有无损坏;

(2)训练开始后,队员不得在训练架下场地上停留或走动,上下未经口令呼应不得操作。

九、引导讨论

(1)对比看和做的心理差别,体会换位思维的重要意义;

(2)不敢做是能力问题还是心理问题(见图9-19-1)。

图 9-19-1